Terry Deary · Peter Hepplewhite

Unverwüstlich, die Ägypter!

Übersetzt aus dem Englischen
von Anne Braun

Illustrationen von Martin Brown

W0190128

Loewe

Die Deutsche Bibliothek – CIP-Einheitsaufnahme

Unverwüstlich, die Ägypter / Terry Deary ; Peter Hepplewhite.
Ill. von Martin Brown. Übers. aus dem Engl. von Anne Braun.
1. Aufl. – Bindlach : Loewe, 1998
(Wahnsinnswissen)
Einheitssacht.: The awesome Egyptians <dt.>
ISBN 3-7855-3203-2

Dieses Buch ist auf chlorfrei gebleichtem Papier gedruckt.

ISBN 3-7855-3203-2 – 1. Auflage 1998
Titel der Originalausgabe: Horrible Histories/The Awesome Egyptians
Text copyright: Terry Deary und Peter Hepplewhite, 1993
Illustrationen: Martin Brown, 1993
Originalausgabe veröffentlicht 1994 von Scholastic Publications Ltd
© für die deutsche Ausgabe Loewe Verlag GmbH, Bindlach 1998
Aus dem Englischen übersetzt von Anne Braun
Umschlaggestaltung: Pro Design, Klaus Kögler
Satz: DTP im Verlag
Gesamtherstellung: Wiener Verlag
Printed in Austria

Inhalt

Echt cool, diese Ägypter!

Einleitung

Mathe ist eine echte Aufgabe – und Deutsch eine ganz andere Geschichte; Sport läuft meist auf ziemlich viel Bewegung hinaus, Musik pfeift aus dem letzten Loch und Chemie geht öfter mal in die Luft. Aber Geschichte! Geschichte ist einfach nur staubtrocken! Langweilige Daten auswendig lernen – wissen, welcher langweilige König wann welche langweiligen Schlachten schlug: Es ist schlicht und ergreifend – zum Gähnen.

Manchmal geht es in Geschichte auch echt unfair zu!

Manchmal kann Geschichte auch sehr verwirrend sein!

Aber in diesem Buch geht es um knallharte Fakten. Dinge, die deine Lehrer dir nie verraten würden. Manche Sachen verschweigen sie nämlich. Im Ernst!

Lehrer glauben, dass du für bestimmte Scheußlichkeiten noch zu jung bist … zum Beispiel dafür, wie die Ägypter ihren Mumien das Gehirn herausnahmen! Deshalb bleiben dir solche lebenswichtigen Informationen womöglich für immer vorenthalten.

Manchmal verschweigen Lehrer aber auch Sachen, weil sie selbst keine Ahnung davon haben. (Echt wahr! Lehrer sind nämlich auch nur Menschen, obwohl einige sich für Übermenschen halten!)

So oder so: In diesem Buch erfährst du Dinge, die in der Schule nicht vorkommen. Und wenn du es gelesen hast, kannst du deinem Geschichtslehrer Nachhilfe geben. Viel Spaß dabei!

Dieses Buch enthüllt dir unter anderem:

▲ Fakten, die dir das Blut in den Adern gefrieren lassen!

▲ Geschichten, die du zum Totlachen finden wirst!

▲ Informationen, die komischer sind als jeder Lehrerwitz, cooler als ein Eis im Winter und trauriger als ein Fisch ohne Fahrrad. Und mit absoluter Sicherheit sind sie ziemlich interessant.

Faszinierende Fakten

Am beeindruckendsten an den Ägyptern ist die Tatsache, dass ihre Kultur unglaublich lange dauerte – über 3000 Jahre. Ihre Kultur ist so alt, dass sie schon zu Zeiten der alten Griechen und Römer als antik galt.

Wichtige Ereignisse im Zeitraffer

Um den Überblick zu behalten, wird die ägyptische Geschichte in Dynastien aufgeteilt – Zeiträume, in denen eine bestimmte Familie regierte. Eine Dynastie konnte bis zu 14 Könige in Folge umfassen, andere waren viel schneller am Ende. Nach insgesamt 31 ägyptischen Dynastien folgten noch zwei griechische, bis Ägypten an die Römer und später an die Araber fiel. So, kürzer ging's nun wirklich nicht!

Epochale Epochen

Zeitraum: 2850–2190 v. Chr.
Dynastien: 1. bis 6.
Name: Altes Reich
Ober- und Unterägypten werden vereint, der Nil wird kanalisiert.Man schreibt in Hieroglyphen, der Kalender wird erfunden. König Djoser baut die Stufenpyramide von Sakkara, später folgen die großen Pyramiden von Cheops, Chefren und Mykerinos.

Zeitraum: 2190–2050 v. Chr.
Dynastien: 7. bis 11.
Name: 1. Zwischenzeit
„Herakleopolitenzeit" Gaufürsten gewinnen an Macht. Das Reich zerbricht. Feudalherrschaft führt zu Aufständen und Bürgerkriegen. Die Bauern und ihre Familien leiden Hunger.

Zeitraum: 2050–1775 v. Chr.
Dynastien: 11. bis 12.
Name: Mittleres Reich
Erneute Festigung des Reiches durch die Herrscher der 11. Dynastie. Ziemlich clevere Pharaonen an der Macht. Blütezeit für Kunst, Handwerk und Schrift, riesige Tempel werden gebaut und verziert.
Die ersten Bäckereien der Welt eröffnen.

Zeitraum: 1775–1575 v. Chr.
Dynastien: 13. bis 17.
Name: 2. Zwischenzeit
Die Hyksos („Hirten-Könige") aus Syrien und Palästina besetzen Unterägypten und führen Pferde und Streitwagen ein.
In Ägypten werden die ersten Süßigkeiten der Welt hergestellt.
Verbesserte Web- und Spinntechniken.
Neue Musikinstrumente wie Oboe und Tamburin.

9

Zeitraum: 1575–1085 v. Chr.
Dynastie: 18. bis 20.
Name: Neues Reich
Die Hyksos werden wieder vertrieben. Glänzendste Epoche in der ägyptischen Geschichte.
Im Tal der Könige werden die ersten Felsengräber angelegt.
Regierungszeit des Tutanchamun. Ramses II. schlägt die Hethiter in der Schlacht von Kadesch. Das Totenbuch wird auf Papyri verewigt.
Moses führt die hebräischen Sklaven in die Freiheit.

Zeitraum: 1085–709 v. Chr.
Dynastien: 21. bis 24.
Name: 3. Zwischenzeit
Die Zeit der ägyptischen Könige neigt sich ihrem Ende zu. Ägypten muss Söldner aus Libyen anwerben, die mit ihren Familien in Ägypten angesiedelt werden. Diese Gruppe gewinnt starken Einfluss, und schließlich reißt ein lybischer Söldnerführer die Königsmacht an sich.

10

Zeitraum: 709–332 v. Chr.
Dynastien: 25. bis 31.
Name: Spätzeit
Äthiopische Fremdherr-schaft. Die neuen Herrscher fördern das Studium der Geschichte. Die Assyrer fallen ein und zerstören Theben. Ägypten wird assyrische Provinz. Nach der Vertreibung der Assyrer kurze Blütezeit bis die Perser das Reich erobern.

Zeitraum: 332–30 v. Chr.
Name: Griechische Zeit
Der Grieche Alexander der Große erobert Ägypten. Die griechischen Ptolemäer sind an der Macht. Cleopatra ist die letzte ägyptische Königin.

Zeitpunkt: 30 v. Chr.
Ägypten wird Teil des Römischen Weltreichs. Es muss die Römer mit Getreide beliefern.

Zeitpunkt: um 640 n. Chr.
Die Araber erobern Ägypten.

Faszinierende Pharaonen

Das Geheimnis der Könige

Der beeindruckendste Anblick in Ägypten sind die Pyramiden. Nicht minder beeindruckend, aber nicht mehr zu sehen sind die Leute, die sie erbauen ließen – die ägyptischen Pharaonen. Längst sind sie zu Staub, Knochen oder Mumien geworden: zu Geschichte also. Aber woher kamen sie?

Bevor Ägypten ein Reich wurde, waren an den Ufern des Nil kleine Siedlungen entstanden und jede Siedlung hatte einen Herrscher. Die mächtigsten unter ihnen eroberten ihre Nachbarsiedlungen und so entstanden längs des Nil kleine Königreiche.

Wieder setzten die Mächtigsten sich durch und wurden noch mächtiger. Schließlich gab es nur noch zwei Herrscher – den König von Oberägypten mit seiner Weißen Krone und den König von Unterägypten mit seiner Roten Krone.

Um 3200 v. Chr. eroberte König Menes von Oberägypten Unterägypten und vereinigte die beiden Kronen. So entstand das Reich, das wir heute als das alte Ägypten bezeichnen.

In nur 200 Jahren wurde aus vielen kleinen Reichen ein großes, mächtiges Reich. Wie war das möglich? Einige Historiker glauben, dass die neuen Herrscher von außerhalb Ägyptens kamen – also Eroberer waren. Es gilt als sicher, dass diese ersten Herrscher größer waren und auch viel größere Köpfe hatten als die ägyptischen Ureinwohner!

Ein bedeutender Historiker behauptet, dass sie aus dem Osten kamen. Ein bedeutender Hysteriker behauptet, sie kamen von einem anderen Planeten! Ihre Gebeine und Gräber hat man inzwischen gefunden … ihre fliegende Untertasse noch nicht. Nun ja, du kannst glauben, was du

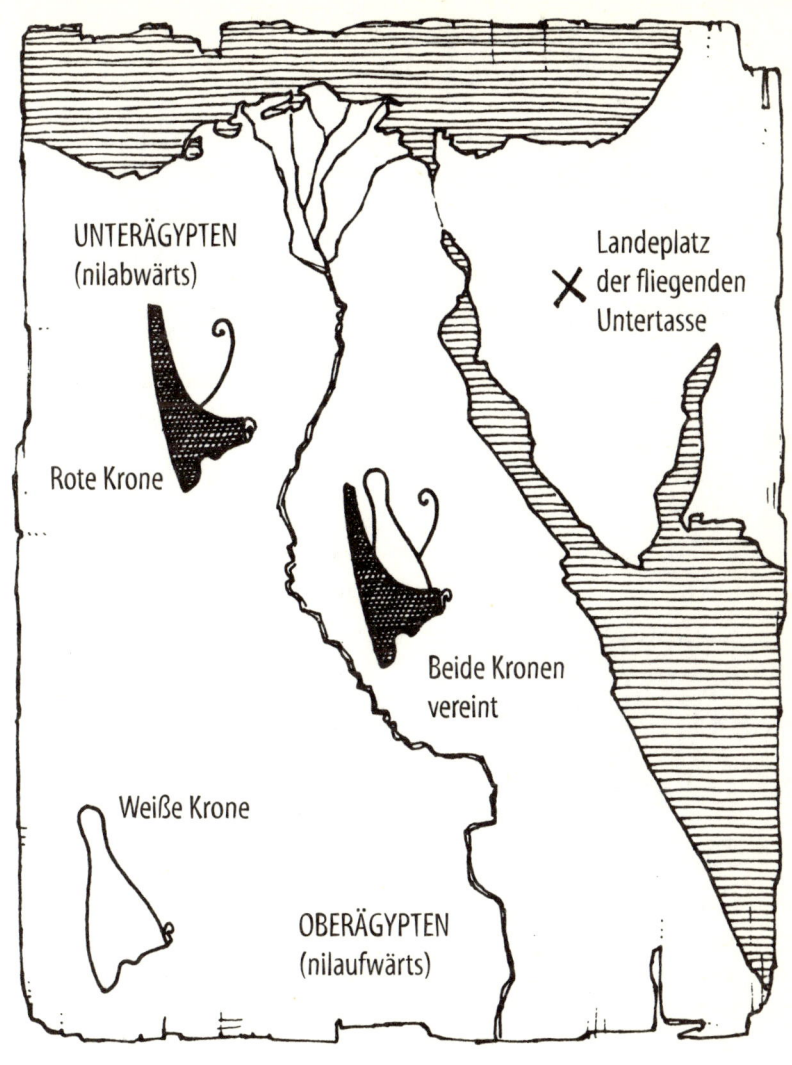

UNTERÄGYPTEN
(nilabwärts)

Landeplatz
X der fliegenden
Untertasse

Rote Krone

Beide Kronen
vereint

Weiße Krone

OBERÄGYPTEN
(nilaufwärts)

möchtest. Doch egal, woher sie auch kamen – ihre nicht
minder beeindruckenden Nachfahren waren die Erbauer
der Pyramiden.

Hättest du das Zeug zu einem ägyptischen König gehabt?

Um König zu werden, musstest du eine Prinzessin heiraten, deren Familie den Thron innehatte. Was hättest du getan, wenn es in der königlichen Familie mehr als eine Prinzessin gegeben hätte? Wie hättest du es geschafft, König zu werden? Hättest du …

  A Alle anderen Prinzessinnen außer deiner Auserwählten umgebracht?

  B Die anderen Prinzessinnen Männer heiraten lassen, mit denen du dann um den Thron gekämpft hättest?

  C Alle Prinzessinnen geheiratet?

  D Alle anderen Prinzessinnen einsperren lassen?

Du als König

Als König hattest du natürlich etliche Pflichten …

Das Sethfest
Bist du fit? Hoffentlich, denn nach 30-jähriger Regierungszeit musste der König zum Seth-Festlauf antreten und seine Kraft unter Beweis stellen. Diese harte Prüfung fand am Sethfest statt.

Religiöser Führer
Denk daran: Du bist nicht nur König, sondern auch ein Gott. Jeden Morgen muss der König den anderen Göttern Opfer darbringen, damit die Sonne aufgeht. Falls du kein Opfer bringst, geht die Sonne nicht auf und die Welt ist am Ende! (Falls du eher faul bist, macht nichts. Deine Priester werden dir diese Aufgabe abnehmen und die Opfergaben dann verspeisen, sozusagen als Gehaltsaufbesserung.) Außerdem bist du der Herrscher des Nil. Mit einer großen Zeremonie bewirkst du jedes Jahr, dass der Fluss über die Ufer tritt und das Land überflutet. Nur dann gibt es gute Ernten.

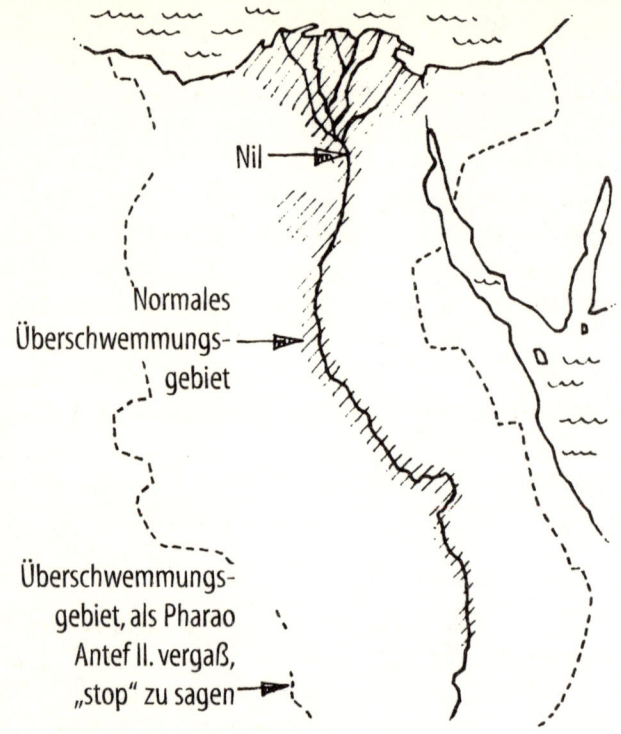

Nil

Normales Überschwemmungs-gebiet

Überschwemmungs-gebiet, als Pharao Antef II. vergaß, „stop" zu sagen

Oberhaupt der Regierung
Eine wichtige Aufgabe besteht darin, Ober- und Unterägypten vereint zu halten. Hört sich anstrengend an? Keine Angst, du hast genügend Beamte, die dir beim Regieren helfen.

Der königliche Titel
Sehr wahrscheinlich wärst du aber kein König gewesen, sondern wohl eher ein gewöhnlicher Sterblicher. Dann hättest du dem König natürlich mit großem Respekt begegnen müssen. Du hättest zum König nicht einfach „König" sagen dürfen. Das hätte deinen sicheren Tod bedeutet, denn der König galt als heilig. Ihn mit diesem Namen anzureden wäre eine Beleidigung gewesen.

Deshalb dachten sich die Ägypter respektvolle Titel aus. Der beliebteste lautete „Pharao", was „großes Haus" beziehungsweise „Palast" bedeutet, denn im Körper des Königs „wohnte" ein Gott.

Berühmte Heerführer

Alle Wandmalereien zeigen den König als siegreichen Feldherrn. Was aber, wenn er mal eine Schlacht verlor? Keine Bange, er wurde trotzdem als Sieger dargestellt! Ramses II. kämpfte in der Schlacht von Kadesch in Syrien gegen die Hethiter – und die Ägypter rühmten seinen Sieg. Die Hethiter beschrieben dieselbe Schlacht – und in ihrer Version hatten die Hethiter gewonnen!

König oder Königin?

Könige von Ägypten waren normalerweise Männer, nur ganz selten Frauen. Ja, auch eine Frau konnte König werden! Dann war sie zwar die mächtigste Person Ägyptens, aber König-in durfte sie nicht sein, bewahre!

Der König von Ägypten galt nämlich zugleich als Sohn des Sonnenkönigs Re. Und ein Sohn war automatisch ein Mann, oder? Folglich musste der König ein Mann sein, auch wenn er eigentlich eine Frau war, logisch! Und wenn der König schon kein Mann war, dann trug er wenigstens einen Bart, eine Kinnperücke.

Hatschepsut war ein solcher weiblicher König, und meist trug sie – ihrer Rolle entsprechend – Männerkleidung. Sie ließ ihren Namen auf zahlreichen Bauwerken verewigen. Doch die nachfolgenden Könige hatten nichts Besseres zu tun, als ihn wieder streichen zu lassen. Sie versuchten so zu tun, als habe ein weiblicher König namens Hatschepsut nie existiert.

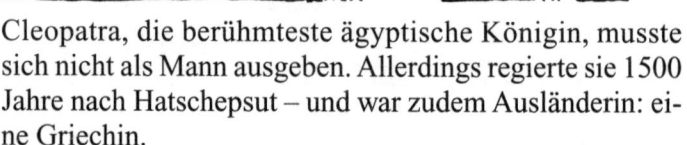

Finger weg!!

Cleopatra, die berühmteste ägyptische Königin, musste sich nicht als Mann ausgeben. Allerdings regierte sie 1500 Jahre nach Hatschepsut – und war zudem Ausländerin: eine Griechin.

Die Tragödie des Tutanchamun … oder: Würdest du etwa deinen Großvater heiraten?

Mit König Echnaton gab's ein Problem. Er war so verrückt, nur an einen einzigen Gott zu glauben: Aton. Er beschäftigte sich so intensiv mit Aton, dass er völlig vergaß, Ägypten gegen Feinde zu verteidigen. Seine Wesire tobten!

König Echnaton musste verschwinden. Und er verschwand. Er starb unter mysteriösen Umständen. Sein Onkel Ay, der höchste Staatsbeamte, hatte sicher seine Finger im Spiel.

Er sorgte dafür, dass Echnatons jüngerer Bruder, Tutanchamun, neuer König wurde. Aber da dieser gerade erst neun Jahre alt war, konnte er sich natürlich noch nicht um die Probleme Ägyptens kümmern. Der gute Onkel Ay sprang ein … und kam auf diese Weise zu enormer Macht.

Onkel Ay kümmerte sich um religiöse Fragen und die Verteidigung des Landes. Im Grunde regierte er das Land allein, während Tutanchamun mit seiner jungen Gemahlin Anch-en-Amun ein ruhiges Leben führte. Sie gingen viel zur Jagd.

Doch dann starb Tutanchamun. Wie? Vielleicht eines ganz natürlichen Todes – aber er war erst 18. Wurde er ermordet?

Vielleicht hatte Tutanchamun vorgehabt, Onkel Ay die Regierung aus der Hand zu nehmen, die dieser nach zehn langen schönen Jahren möglicherweise nicht hergeben wollte.

Onkel Ay hatte nur zwei Möglichkeiten, um an der Macht zu bleiben. Er hätte kämpfen können … aber dabei eine Niederlage riskiert.

Oder aber er konnte Tutanchamun umbringen und dessen junge Witwe heiraten … die zufällig auch seine Enkelin war.

Anch-en-Amun war nicht begeistert von der Idee, ihren Großvater zu heiraten … verständlich, oder? Doch was konnte sie tun? Was hättest du an ihrer Stelle getan?

1. Einen ausländischen Prinzen geheiratet, der neuer Pharao wurde?

2. Dich vergiftet?

3. Den Großvater geheiratet, um Königin zu bleiben?

4. Wärst du geflohen?

Anch-en-Amun entschied sich für Nummer 1 – du wahrscheinlich auch, oder? Sie wollte Prinz Zennanza, den Sohn des Hethiterkönigs, heiraten, obwohl die Hethiter Erzfeinde der Ägypter waren! Der Hethiterkönig sandte seinen Sohn zur geplanten Hochzeit, doch der Ärmste kam nie an. Er wurde unterwegs ermordet. Rate mal, von wem!

Anch-en-Amun blieb nichts anderes übrig, als ihren Großvater Ay zu heiraten. Das Gute an der Sache? Ay wurde zwar König, lebte aber nur noch vier Jahre. Das kommt davon!

Kurioses vom Königshof

1 König Pepi II. kam mit neun Jahren auf den Thron und regierte, bis er über 100 Jahre alt war!

2 König Snefru ließ zwanzig seiner Ehefrauen über den Palast-Teich rudern. Alles ging gut, bis einer Frau eine Haarspange ins Wasser fiel. Sie schmollte und machte nicht mehr weiter. Der König befahl. Sie weigerte sich. Schließlich beauftragte König Snefru den Hofmagier mit der Suche. Angeblich hat er die eine Hälfte des Teichs über die andere geschlagen und die Spange schließlich gefunden.

3 Viele Könige hatten einen eigenen Magier. Einer dieser Hof-Zauberkünstler konnte einer Gans den Kopf abschneiden und wieder aufsetzen, ohne dabei das Tier zu töten. Ging es bei dieser Aktion ähnlich zu wie heute, wenn Zauberer eine Frau in zwei Teile zersägen? Ein anderer berühmter Magier konnte einen wilden Löwen in ein zahmes Haustier verwandeln.

Warum konnte er mich nicht einfach aus einem Hut zaubern?

4 König Ramses II. musste – nur mit seinem gezähmten Löwen – einem Hethiter-Heer gegenübertreten. Er bat den Gott Amun um Hilfe. Und schon tauchte ein verbündetes Heer auf. Die Feinde wurden in einen Fluss getrieben und viele ertranken. Der Hethiterkönig gab auf und schloss Frieden mit Ramses – und dem Löwen.

5 Im Totenreich brauchten die Könige nicht nur ihren mumifizierten Körper, sondern auch ihre Hausangestellten: Schreiber, Köche, Schneider, Maurer und so weiter – die gesamte Dienerschaft. Die meisten Könige wurden mit Skulpturen ihrer Diener beigesetzt.

Die ersten Könige hatten jedoch eine radikalere Lösung parat, um die Personalfrage im Totenreich zu lösen. Die Diener mussten einfach mitkommen. Und da sie die Reise in die Totenwelt nicht lebend antreten konnten, wurden sie getötet!

Wir wissen nicht, ob sie sich freiwillig umbrachten oder ob andere das übernahmen. Aber wir wissen zum Beispiel, dass beim Grab von König Djer 338 Diener beerdigt liegen, die bei seiner Beisetzung geopfert wurden. Erst mit dem achten König, Chaba, starb dieser grausame Brauch aus.

Es galt unter den Ägyptern als große Ehre, dem König zu dienen. Aber hättest du für ihn gearbeitet, wenn du gewusst hättest, dass mit seinem Tod auch für dich die lange Reise ins Jenseits anbrechen wird?

6 Die Römer eroberten Ägypten und machten es zu einem Teil des Römischen Reiches. Nach über 3000 Jahren waren die Tage des ägyptischen Reiches gezählt, das länger gedauert hatte als jedes andere Reich in der Geschichte. Beeindruckend, oder?

7 Die letzten Könige Ägyptens waren keine Ägypter, sondern Griechen. Nachdem Alexander der Große das Land im Jahre 332 v. Chr. erobert hatte, regierten die Ptolemäer fast 300 Jahre lang. Die letzte Königin war Cleopatra, die jedoch ein trauriges Ende nahm.

Cleopatra liebte den römischen Herrscher Julius Cäsar – der leider ermordet wurde. Sie musste entscheiden, welchen seiner Nachfolger sie unterstützen wollte – Augustus oder Marc Anton. Sie setzte auf Marc Anton … und wurde seine Geliebte.

Leider hatte Cleopatra auf das falsche Pferd gesetzt. Als Marc Anton den Krieg gegen Augustus verlor, war die Königin am Ende. Eine Geschichte mit tragischem Ausgang!

Marc Anton erhielt die Nachricht, dass Cleopatra sich umgebracht habe, und stürzte sich verzweifelt in sein Schwert. Die Verletzung war jedoch nicht tödlich.

Dann erfuhr er, dass Cleopatra sich doch nicht umgebracht hatte. Sie war noch am Leben! Überglücklich ließ er sich zu ihr bringen – und starb an seiner Verletzung. Daraufhin brachte Cleopatra sich tatsächlich um.

Geheimnisvolle Pyramidenkräfte

12. August 1799

Er war ein ganz großer Herrscher, der mächtigste seiner Zeit.

Dieser große Herrscher der Neuen Welt war gekommen, um den großen Herrschern der Alten Welt einen Besuch abzustatten. Es war niemand anderer als Napoleon Bonaparte, der Herrscher von Frankreich, der geniale Feldherr und Eroberer Europas, der die Cheops-Pyramide mit eigenen Augen sehen wollte.

Sein Führer geleitete ihn immer tiefer in die uralte Pyramide hinein. Zuletzt standen sie in ihrem Mittelpunkt, der Königskammer. Der Führer begann zu erklären, was er über das Bauwerk wusste, doch Napoleon brachte ihn mit einer Handbewegung zum Schweigen.

„Lass mich allein!", sagte er – auf Französisch natürlich.

„Aber, mon général …"

„Raus!"

„Wie Ihr wünscht, mon général", murmelte der Führer und verschwand im Dunkel des Ganges. Napoleon blieb allein in der Stille der warmen Kammer zurück. Es dauerte lange, bis der große Herrscher wieder herauskam. Der Führer hielt die Lampe hoch. Napoleon war kreidebleich und zitterte am ganzen Körper.

„Alles in Ordnung?", fragte der Führer besorgt.

Napoleon schien ihn gar nicht zu bemerken. Dann sagte er plötzlich mit heiserer Stimme: „Erwähne diesen Vorfall niemals!"

„Sehr wohl, mon général", sagte der Führer und geleitete Napoleon wieder in die trockene Hitze der ägyptischen Wüste hinaus.

Später in seinem aufregenden Leben war es Napoleon, der den Besuch nochmals erwähnte. Und er ließ durchblicken, dass er in der Pyramide Unglaubliches erlebt hatte. Er deutete an, dass er eine Vision seiner eigenen Zukunft gehabt hatte.

Später, als er auf der Insel St. Helena im Sterben lag, schien er kurz zu erwägen, sich einem Freund anzuvertrauen. „Aber nein", sagte er dann mit schwacher Stimme. „Wozu sollte es gut sein? Du würdest mir nie glauben."

Kurz darauf starb er. Das Geheimnis der Pyramide nahm er mit ins Grab.

Die Magie der Pyramiden

Etwa tausend Jahre vor Napoleon hatte schon ein anderer
großer Herrscher die Königskammer betreten, Al Mamun,
der Kalif von Bagdad. Er war ein mutiger junger Mann,
der schon viel von den magischen Kräften der Pyramiden
gehört hatte und herausfinden wollte, was es damit auf
sich hatte.

Die meisten Pyramiden waren bereits von Grabräubern
restlos ausgeplündert worden. Doch die massiven Steine
der Cheops-Pyramide hatten bisher jeden Eindringling abgehalten.

Tief unterhalb der Pyramide befand sich eine Grabkammer – vermutlich geplant als Ruhestätte für den König, falls er vor Fertigstellung der Pyramide sterben würde. Für seine Gemahlin gab es eine weitere Kammer. Außerdem gab es noch eine dritte Kammer mitten im Zentrum der Pyramide.

Sobald der Sarkophag in dieser Kammer stand, wurde der Gang mit massiven Granitblöcken versiegelt. Al Mamun konnte sehen, dass kein Räuber es geschafft hatte, sich durch diese Granitblöcke hindurchzuarbeiten. Doch der junge Kalif war dazu entschlossen – und hatte jede Menge Arbeiter zur Verfügung.

Sie gruben neue Gänge durch die Steinblöcke und gelangten schließlich ins Zentrum. Al Mamun trat ein. Er hatte viele Legenden über die Geheimnisse gehört, die hier verborgen sein sollten: antike Karten, die die Bewegung der Sterne zeigten, Karten der damals bekannten Welt, Edelmetalle, Gold und geheimnisvolle Dinge wie unzerbrechliches Glas.

Doch die Königskammer war leer – abgesehen von einem Stein-Sarkophag. Und auch dieser war ... leer!

König Cheops war nie in diesem Sarkophag beigesetzt worden. Warum nicht? Wenn die Pyramide nicht seine Grabstätte war, warum wurde sie dann erbaut?

Dieses Rätsel ist bis heute nicht gelöst. Vielleicht lautet die Antwort ganz einfach: König Cheops wurde woanders beigesetzt, weil die Pyramide nicht rechtzeitig fertig war. Aber vielen Leuten erscheint diese Erklärung zu einfach.

Dutzende von Wissenschaftlern haben Theorien aufgestellt, eine kühner als die andere.

Wenn die Pyramide nicht als Grabstätte gebaut wurde, wofür dann? Wozu konnte eine Pyramide gut sein? Welcher Vorschlag gefällt dir am besten?

Faszinierende Pyramiden-Theorien

1 Die Cheops-Pyramide ist eine Art Computer. Anhand der Länge ihrer Seiten, der Höhe und den Winkeln kann man alle möglichen Dinge berechnen. Die Pyramide verrät, wie man den Umfang eines Kreises berechnet, wenn man den Durchmesser kennt.

2 Mit der Cheops-Pyramide konnten die Ägypter die Entfernung zwischen Erde und Sonne und die Lichtgeschwindigkeit berechnen.

3 Die Pyramide ist ein mathematisches Horoskop – man kann an ihr die Zukunft ablesen.

Das Institut für Pyramidologie in London behauptet, die Pyramide hätte die Kreuzigung Christi und den Ersten Weltkrieg vorhergesagt. Damit nicht genug: Angeblich sagt sie auch voraus, dass die Erde im Jahre 2979 n. Chr. untergehen wird.

4 Die Cheops-Pyramide sollte aller Welt das Wissen der ägyptischen Priester und ihre Macht demonstrieren. Die Priester überredeten Cheops zum Bau und ließen ihn bezahlen. Doch als er starb, wollten sie ihn nicht in ihrem prachtvollen Bauwerk haben.

5 Die Cheops-Pyramide ist ein Observatorium zur Beobachtung und Aufzeichnung der Sternbewegungen.

6 Die Cheops-Pyramide ist ein riesiger Kalender, mit dem die Ägypter die Länge eines Jahres bis auf drei Dezimalstellen berechnen konnten.

7 Die Cheops-Pyramide ist eine Sonnenuhr. Ihr Schatten fiel auf Pflastersteine, auf denen die Jahrestage und die Stunden markiert waren.

8 Die Cheops-Pyramide diente zur Orientierung und wurde als Ausgangspunkt für das Zeichnen und Messen von Landkarten benutzt – so ähnlich wie Greenwich heute.

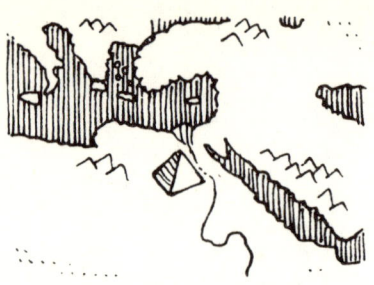

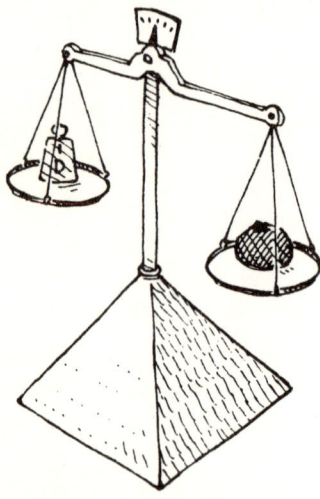

9 Die Cheops-Pyramide war der ideale Aufbewahrungsort für die Gewichte und Längenmaße der Alten Welt. Die Regierung brauchte genaue Normen, um sicherzustellen, dass die Händler korrekt arbeiteten. Doch Gewichte wie die Debe waren aus Kupfer und verloren durch Abnutzung mit der Zeit an Gewicht – manchmal wurden sie auch von gerissenen Händlern „getürkt".

10 Im Zentrum der Pyramide sind unglaubliche Naturkräfte am Werk. Hier können merkwürdige und wunderbare Dinge geschehen. Abgesehen von Napoleons schockierendem Erlebnis: Es gibt auch Touristen, die in der Königskammer in Ohnmacht fallen oder in Verzückung geraten.

Achtung! Jemand der die Pyramiden studiert, ist ein Pyramidologe … Jemand, der verrückte Ideen über die Pyramiden aufstellt, ein Pyramidiot!

Die wirkungsvolle Form der Pyramide

Fünfzig Jahre nachdem Napoleon mit ihren Kräften in Berührung gekommen war, besuchte ein weiterer Franzose namens Bovis die Cheops-Pyramide. Im Inneren herrschte Chaos. Abfälle lagen herum, eine streunende Katze hatte sich hierher verirrt und war verendet. Bovis untersuchte den Kadaver genauer. Er war nicht verfault, wie man erwartet hätte, sondern hervorragend erhalten, fast mumifiziert – ohne einbalsamiert oder eingewickelt worden zu sein. Bovis kam zu dem Schluss, dass die Katze nur aus einem Grund so gut erhalten war – durch die Kräfte der Pyramide.

33

Du hast sicher schon gesehen, wie man mit einem Vergrößerungsglas Sonnenstrahlen auf einen winzigen Punkt bündeln kann. Bovis zog den Schluss, dass die Form der Pyramide auf dieselbe Weise machtvolle Naturkräfte bündelt.

Wieder in Frankreich, begann er zu experimentieren. Er baute Pyramidenmodelle nach und legte verschiedene Sorten von Lebensmitteln ins Innere, die normalerweise in kurzer Zeit verfault sein würden. Dabei stellte er fest, dass sie wesentlich länger frisch blieben, als man hätte erwarten können!

Über hundert Jahre später, im Jahre 1959, las Karel Drbal, ein Ingenieur aus Tschechien, von Bovis' Experimenten. Er fragte sich, ob sich auch Metalle in einer Pyramide besser halten würden. Da damals in seinem Land Rasierklingen Mangelware waren, legte er ein paar stumpfe Klingen unter das Modell einer Pyramide, damit sie nicht noch stumpfer wurden. Zu seinem Erstaunen wurden sie sogar wieder scharf.

Das war eine großartige Entdeckung! Drbal musste dafür sorgen, dass seine Idee von niemandem gestohlen wurde. Er wollte seine Entdeckung rechtlich schützen und ging deshalb zum Patentamt.

Die Rasierklinge hält mindestens doppelt so lang!

Klingt eher nach Hokuspokus!

Als Drbal in der folgenden Woche wiederkam, war der Beamte fassungslos.

Und Drbal verkaufte die Idee an eine Firma, die mit großem Erfolg Plastikpyramiden baute und als Rasierklingenschärfer verkaufte. Die Tschechen waren davon überzeugt, dass sie funktionierten.

Du auch?

Das Pyramiden-Experiment

Ob die Pyramiden wirklich besondere Kräfte haben, testest du am besten selbst.

1 Baue eine Pyramide aus Karton. Du brauchst vier Dreiecke mit je einer Grundseite von 15,7 cm und den Seitenlängen 14,94 cm.

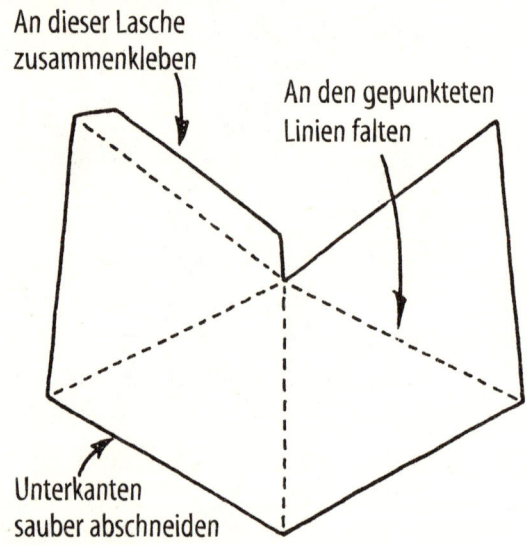

An dieser Lasche zusammenkleben

An den gepunkteten Linien falten

Unterkanten sauber abschneiden

2 Lege ein Stückchen Brot, Käse oder anderes Essen auf eine kleine Erhöhung, damit es sich genau 3,33 cm über dem Boden befindet.

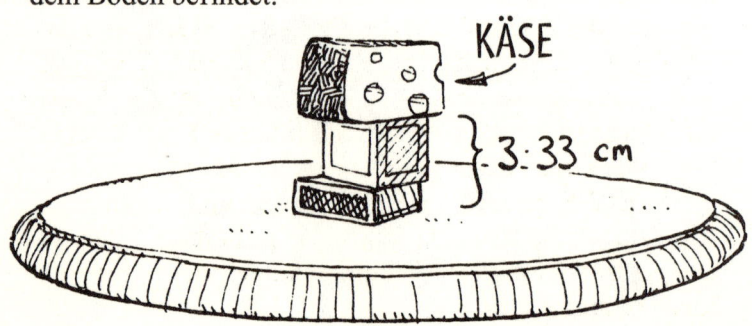

KÄSE

3.33 cm

3 Stülpe die Pyramide darüber, sodass sich das Essen genau im Mittelpunkt befindet.

4 Stelle die Pyramide so auf, dass die vier Seiten genau nach Norden, Süden, Osten und Westen zeigen.

5 Bewahre ein identisches Stück Essen außerhalb der Pyramide auf.

6 Kontrolliere das Essen täglich.

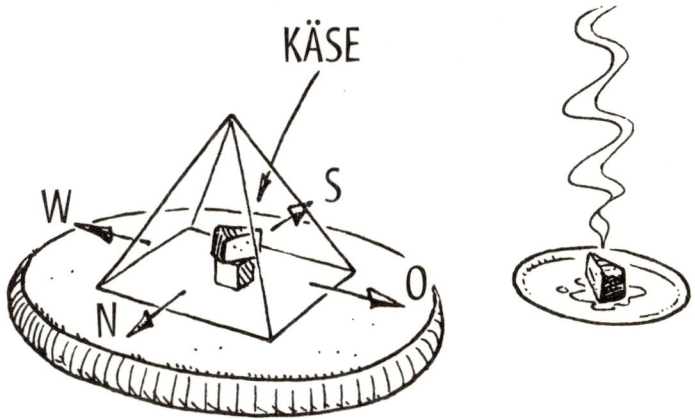

Welches Stückchen verdirbt oder schimmelt zuerst? Falls du die Feststellung machst, dass das Essen im Inneren der Pyramide frischer bleibt, hast du die Pyramidenkräfte nachgewiesen!

Schon gewusst?

Während des Ersten Weltkriegs (1914–1918) kursierte unter Soldaten die Geschichte, dass eine Rasierklinge stumpf wird, wenn man sie draußen ins Mondlicht legt. Die Kante der Klinge ist scharf, weil sie aus winzigen Kristallen besteht. Der Druck des Mondlichts reicht aus, um diese feinen Kristalle abzunutzen. Ob die Kräfte im Inneren einer Pyramide diese Kristalle irgendwie polieren, so wie sie Lebensmittel vor dem Verderb schützen oder eine tote Katze mumifizieren?

Die Pyramiden

10 beeindruckende Fakten über Pyramiden

1 Man nimmt an, dass eine Pyramide das Grabmal eines Pharaos war.

2 Die Pyramiden bestehen aus gewaltigen Steinquadern. Bis heute weiß kein Mensch, wie diese Blöcke befördert wurden, da es damals noch kein Rad gab. Und wie wurden sie ohne Kräne hochgehoben?

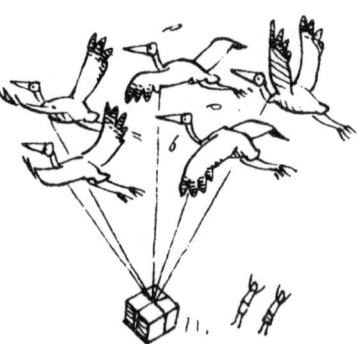

3 Die Grabkammer in der Pyramide war mit unglaublichen Schätzen angefüllt, die der Pharao im Totenreich brauchte.

4 Diese Schätze lockten natürlich finstere Grabräuber an. Mit falschen Türen, Treppen und Gängen versuchten die Erbauer der Pyramiden, spätere Grabräuber in die Irre zu führen.

5 Die Grundfläche der Cheops-Pyramide (230 x 230 m) entspricht der Größe von sage und schreibe sieben bis acht Fußballfeldern.

6 Die Königskammer in der Cheops-Pyramide hat die Größe eines kleinen Wohnhauses (10 m lang, 5 m breit und 6 m hoch).

7 Die Pyramiden stehen unweit des Nil, da die Steinblöcke auf dem Wasserweg vom Steinbruch zur Baustelle gebracht wurden.

8 Alle Pyramiden stehen am Westufer des Nil – in Richtung der untergehenden Sonne. Das geschah aus religiösen Gründen.

9 Die Pharaonen wurden mit religiösen Anleitungen für die Reise ins Totenreich beigesetzt. Die ältesten fand man an den Wänden der Grabkammern, spätere auf Sarkophagen. Noch spätere wurden auf Papyri geschrieben, zusammengerollt und mit in den Sarg gelegt. Die Texte beschrieben verschiedene Wege, ins Totenreich zu gelangen und sind als Ägyptisches Totenbuch bekannt.

10 Schon die alten Griechen reisten zu den Pyramiden. Sie berichteten, dass 100 000 Sklaven über zehn Jahre lang an einer einzigen Pyramide gebaut hatten. Obwohl dies noch heute in vielen Geschichtsbüchern steht, ist es wohl falsch. Die Arbeiter waren keine Sklaven, sondern Handwerker, und vermutlich bauten „nur" etwa 75.000 Menschen fünf Jahre lang an einer Pyramide. Aus Gesundheitsgründen bekamen sie einen Teil ihres Lohns in Form von Knoblauch und Rettichen ausbezahlt.

Teste deinen Tyrannen ... äh, Lehrer

Lehrer wissen auch nicht alles! Traurig, aber wahr! Teste deinen Lehrer mit diesen Richtig-oder-Falsch-Fragen. Wenn er mehr als acht richtige Antworten weiß, ist er ein Genie!

Richtig oder falsch?
1 Mumien wurden oft mit kleinen Statuen beerdigt.

2 Holz galt als wertvoll, weil es in Ägypten nur wenig Bäume gab. Das ist einer der Gründe, warum die Ägypter mit Stein so gut umgehen konnten.

3 Man nimmt an, dass die Ägypter die Steinblöcke auf Schlitten zu den ersten Pyramiden beförderten, da sie das Rad noch nicht kannten.

4 Einige Pharaonen wurden mit einem Totenbuch beigesetzt, das „Das Buch der Göttlichen Kuh" heißt.

5 Als Grabstätten kamen die Pyramiden etwa tausend Jahre lang – zwischen 1800 und 800 v. Chr. – aus der Mode.

6 In den Pyramiden befand sich alles, was der König für das Leben nach dem Tod brauchte … sogar eine Toilette.

7 Die Stufenpyramide von Sakkara war das erste größere Steinbauwerk der Welt.

8 Die Cheops-Pyramide besteht aus ungefähr 2 300 000 Steinblöcken.

9 In Ägypten gibt es über 90 Pyramiden.

Lösungen: Alle obigen Behauptungen sind RICHTIG!

Uralter Witz über die alten Ägypter

Zehn Fakten über die Pyramiden, die du vermutlich nie brauchen wirst ...

1 Wenn du die Cheops-Pyramide in 30 Zentimeter dicke Scheiben schneiden würdest, könntest du eine 1 Meter hohe Mauer um ganz Frankreich bauen. Und wenn du viel Zeit hättest, könntest du sie in 6 Zentimeter dicke Stäbe schneiden und aneinander legen – und kämst damit bis zum Mond!

2 Manche Leute behaupten, dass die Pyramiden keine riesigen Gräber, sondern Getreidespeicher oder Schatzkammern waren.

3 Die Pyramiden wurden vermutlich schon in den Jahrhunderten nach der Beisetzung der Pharaonen ausgeplündert. Die einzigen Gräber, die bis in unsere Zeit unversehrt blieben, waren keine Pyramiden, sondern Felsengräber. Sie gehörten Tutanchamun und Königin Heterpheres.

4 Die Ägypter mumifizierten nicht nur ihre Pharaonen, sondern auch deren Lieblingstiere. Die armen Vierbeiner wurden mit Herrchen bestattet, um ihm Gesellschaft zu leisten.

5 Eine durchschnittliche Pyramide muss ungefähr 5.400.000 Tonnen wiegen. Ein mittelgroßer Steinquader wiegt etwa so viel wie zwei Autos (2,5 t). Der größte einzelne Steinblock (in der Mykerinos-Pyramide) wiegt circa 285 Tonnen – genauso viel wie 200 bis 250 Autos.

6 Die Erbauer der Pyramiden wollten Grabräuber täuschen, indem sie das Ende eines Ganges mit einem riesigen Stein blockierten und ihn vergipsten. Wenn die Einbrecher den Gips abklopften, stünden sie vor dem Stein und würden aufgeben. Der richtige Eingang war oft eine in der Decke versteckte Falltür.

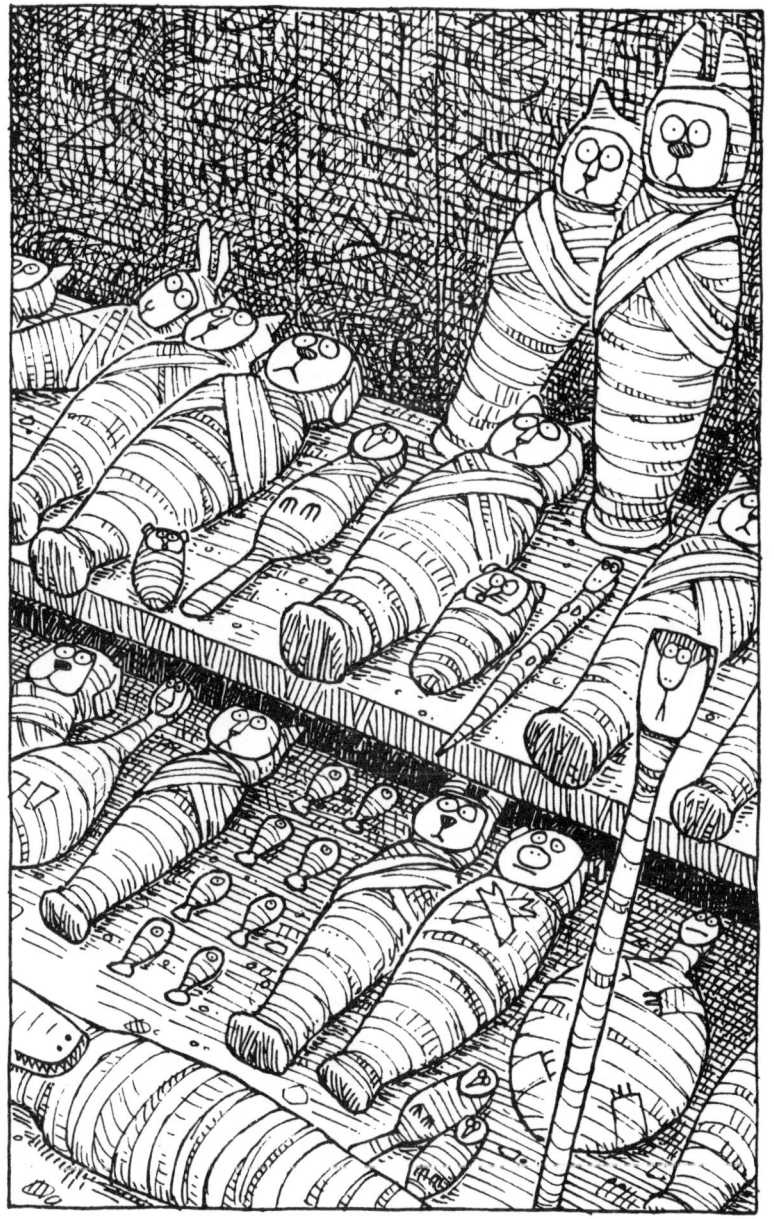

7 Die Ägypter hatten keine präzisen Messinstrumente aus Metall. Sie verwendeten Bänder, die schrumpften oder gedehnt werden konnten. Dennoch traten bei der Cheops-Pyramide bei einer Seitenlänge von 230 Metern nur 20 Zentimeter Ungenauigkeit auf (die Fehlerquote liegt unter 0,1 Prozent). Noch präziser waren die Baumeister beim Sockel – die Südostecke liegt nur einen Zentimeter höher als die Nordwestecke.

8 Die Pyramiden sind nicht die größten von Menschen errichteten Gebäude. Die Chinesische Mauer ist mindestens ebenso eindrucksvoll; die Quetzacoatl-Pyramide in Mexiko ist eindrucksvolle 54 Meter höher und hat ein Volumen von 3,3 Millionen Kubikmetern (die Cheops-Pyramide „nur" 2,5 Millionen Kubikmeter). Die ägyptischen Pyramiden sind jedoch mit Sicherheit die ältesten Steinmonumente der Welt.

9 Die ersten Grabstätten hatten ein Flachdach. Sie hießen „Mastabas" (Steinbänke), weil sie wie die Lehmhocker vor den Bauernhäusern aussahen. Mastaba-Gräber konnten leicht geplündert werden. Deshalb baute jemand eine etwas kleinere Mastaba auf die erste, darüber noch eine kleinere … und noch eine … bis schließlich eine Stufenpyramide entstand.

10 Heutzutage ist es im Allgemeinen verboten, auf die Pyramiden zu klettern. Weil es dabei zu etlichen Unfällen kam, braucht man dazu inzwischen eine Sondergenehmigung.

NEUESTE NACHRICHTEN (7. Januar 1993):
Nur wenige Meter von der Cheops-Pyramide in Gizeh entfernt entdeckten Archäologen bei Aufräumarbeiten durch Zufall die Ruinen einer kleinen Pyramide. Damit beläuft sich die Zahl der uns bekannten ägyptischen Pyramiden auf 96.

Wie man eine Pyramide baut (wenn man mindestens 75 000 Freunde hat)

1 Wische den Felsboden von Wüstensand frei.

2 Ebne die Grundfläche – lasse sie zur Kontrolle mit Nilwasser überfluten.

3 Mithilfe des Polarsterns bestimmst du Norden.

4 Miss für den Sockel ein Quadrat aus, dessen vier Seiten genau in Richtung Norden, Süden, Osten und Westen liegen.

5 Von der Mitte ausgehend legst du die erste Schicht aus zwei bis drei Tonnen schweren Kalksteinblöcken.

6 Jede neue Steinschicht wird etwas kleiner als die darunter liegende. Baue seitliche Rampen, um die Steinblöcke hinaufzuschieben.

7 Vergiss nicht Gänge und die Grabkammer einzubauen. Die Grabkammer muss direkt unterhalb der Pyramidenspitze liegen.

8 Verkleide die fertige Pyramide mit blank poliertem Kalkstein.

9 Baue die Erdrampen wieder ab und dafür einen erhöhten Fußweg vom Fluss zur Pyramide.

10 Warte, bis der Pharao stirbt. Mumifiziere ihn und setze ihn mitsamt seinen Schätzen in der Pyramide bei. Und vergiss nicht den Eingang zu versiegeln. (Grabräuber!)

Wie man eine Pyramide ausschmückt

1 Mache einen Pharao mit einer neu gebauten Pyramide ausfindig – denn er wird Künstler brauchen.

2 Überziehe die Innenwände mit einer glatten Gipsschicht, auf der du später malen wirst.

3 Als Pinsel verwendest du einen Pflanzenstängel. Kaue so lange auf einem Ende herum, bis es ausgefranst ist.

4 Zum Malen brauchst du neun Farben: Schwarz, Blau, Braun, Grün, Grau, Rot, Weiß und Gelb – und die Modefarbe des Neuen Reiches: Pink.

5 Zeichne ein Raster von Quadraten auf die Wand – dann weißt du, wohin jede Figur gehört.

6 Denk an den ägyptischen Stil: Die Köpfe werden im Profil (von der Seite) dargestellt, das Auge von vorne. Auch die Beine sind leichter von der Seite zu zeichnen. Es sind immer beide Schultern zu sehen. Je wichtiger die dargestellte Person, desto größer!

Am besten überträgst du die obige Zeichnung auf kariertes Papier. Wenn dir ein paar Freunde helfen, könnt ihr ein ganzes Wandbild malen. ABER ACHTUNG: Falls du die Wand eures Wohnzimmers verschönern willst, frag erst deine Eltern – sonst könnte es Ärger geben!

47

Magische Mumien

Schon gewusst?

1 Mumie ist das arabische Wort für Bitumen, eine Art Teer, der in der Medizin verwendet wurde. Als Araber die ersten Mumien entdeckten, glaubten sie, diese wären mit Teer überzogen.

2 Die Ägypter glaubten, dass die Welt irgendwann untergehen würde. Dann würden sie im Totenreich weiterleben. Für die lange Reise dorthin brauchten sie ihren irdischen Körper: Aber wenn der verfault wäre, könnten sie die Fahrt nicht antreten.

3 Die Männer, die die toten Körper einbalsamierten, hießen „Mumifizierer". Sie bearbeiteten die Leichen in der „Mumifizierwerkstatt", die sie auch das „Schöne Haus" nannten. Allerdings sah es dort eher wie in einer Metzgerei aus.

4 Anfangs konnten sich nur die Reichen eine Mumifizierung leisten. Später wurde das Ganze zu einem riesigen Erwerbszweig, und auch die Ärmsten sparten eifrig, um sich einbalsamieren lassen zu können.

5 Das natürliche Klima Ägyptens ist günstig für die Mumifizierung. Ein Bauer, der vor 5000 Jahren starb, wurde im heißen Wüstensand beigesetzt. Die als „Ginger" bekannt gewordene Trockenmumie ist besser erhalten als viele andere Mumien und im Britischen Museum in London zu besichtigen.

6 Der menschliche Körper besteht zu über 75 Prozent aus Wasser. Alles was nass oder feucht ist, fault sehr schnell. Deshalb brauchte man etwas, das die Körperflüssigkeiten der Toten rasch aufsaugte. Zuerst verwendete man Sand, aber der spannte die Haut zu sehr. Später entdeckte man, dass Natron, ein Salz, das man am Ufer der Seen von Kairo findet, besser geeignet war. Es veränderte das Aussehen der Verstorbenen kaum.

7 Wenn die Mumifizierer schlampig arbeiteten, hielten die Mumien nicht lange. Sie verfärbten sich dunkel, wurden spröde und zerbrechlich. Wenn ein Körperteil verfaulte oder abfiel – oder von einem Schakal aufgefressen wurde –, ersetzten die Einbalsamierer es durch ein Stück Leinen oder Holz. Fehlte dem Toten zu Lebzeiten ein Körperteil, gab man ihm für das Totenreich eines aus Holz mit.

8 Die Archäologen fanden Mumien, die in mehrere hundert Meter lange Leinenbinden eingewickelt waren.

9 Durch Untersuchung der Mumien erfuhr man einiges über die Menschen zu ihren Lebzeiten: Ramses II. hatte jede Menge Mitesser, Ramses III. war ein ziemliches Dickerchen. König Sekenenre fand kein besonders schönes Ende. Das zeigen seine schweren Schädelverletzungen. Blut klebte noch in seinen Haaren, sein Gesicht war schmerzverzerrt. Vielleicht wurde er im Schlaf ermordet, vielleicht starb er auch im Kampf. Mit Sicherheit wurde er in aller Eile einbalsamiert, denn seine Haare waren zuvor nicht gesäubert worden.

10 Im England des 19. Jahrhunderts gab es Menschenaufläufe, wenn eine Mumie ausgewickelt wurde! Doktor Pettigrew vom Königlichen Chirurgie-Institut machte daraus Starauftritte. Sogar an einem bitterkalten Januarabend waren alle Eintrittskarten in kürzester Zeit ausverkauft; selbst der Erzbischof von Canterbury wurde abgewiesen. Genau wie im Theater wurden nach jeder „Vorführung" Erfrischungen angeboten. Eine von Pettigrews Mumien entpuppte sich als Fälschung; man hatte nur Lumpen und Stecken eingewickelt.

11 Der Herzog von Hamilton wollte nach seinem Tod unbedingt von Pettigrew einbalsamiert werden. Dieser war überglücklich; nach zwanzig Jahren Mumienauswickeln erhielt er endlich die Möglichkeit, eine einzuwickeln! Sofort nach dem Tod des Herzogs am 18. August 1952 machte er sich ans Werk. Die Mumie wurde in einem alten ägyptischen Stein-Sarkophag beigesetzt, der jedoch nie mehr geöffnet wurde. Deshalb wissen wir nicht, ob Pettigrew genauso gute Mumien machte wie die Ägypter.

12 Als die Ägypter Christen und später Moslems wurden, glaubten sie nicht mehr, dass sie für das Totenreich ihren irdischen Körper brauchten. Deshalb brauchten sie auch keine Mumien mehr.

Wie mache ich eine Mumie?

Nach unseren wissenschaftlichen Erkenntnissen und den Berichten des Griechen Herodot gingen die Ägypter folgendermaßen vor.

WARNUNG:
Dies ist eine ziemlich schmierige Angelegenheit.
Nicht in der eigenen Küche ausprobieren
(deine Eltern wären sicher nicht begeistert)
– auch nicht in der Schulküche!

---

1 Nimm einen toten Pharao.
2 Bringe die Leiche in die Mumifizierwerkstatt (normalerweise ein Zelt, weil darin die Luft besser ist!).
3 Entkleide die Leiche und lege sie auf einen Holztisch. Das ist der Einbalsamierungstisch. Die Tischplatte besteht nur aus Latten, damit man auch von unten an die Leiche herankommt (wichtig fürs Einwickeln!).
4 Entferne das Gehirn, indem du einfach durch das linke Nasenloch einen Meißel in den Schädel hineintreibst.

Mit einem eisernen Haken fahren sie in die Nase
und ziehen das Gehirn heraus.
(Herodot, der 455 v. Chr. Ägypten bereiste.)

Andere Mumifizierer trieben hinter dem linken Auge einen Draht in den Schädel, zerkleinerten damit das Gehirn und „löffelten" es dann mit speziellen Werkzeugen heraus.
   Das Gehirn kannst du wegwerfen (oder an deine Katze verfüttern). Die Ägypter hielten das Gehirn nicht für notwendig im Totenreich.
5 Fülle den Schädel mit einer Mischung aus Natron und Gips – ein prima massives Zeug.

6 Nun schneide den Oberkörper auf – die Mumifizierer ließen diese Arbeit meist von einem „Aufschneider" erledigen.

Sie holen sämtliche Eingeweide heraus, reinigen sie und waschen sie mit Palmwein ab. Dann füllen sie die Bauchhöhle mit Myrrhe und anderen Kräutern und nähen die Öffnung wieder zu. Nun wird die Leiche siebzig Tage lang in Natron gelegt, anschließend gewaschen, von Kopf bis Fuß mit langen, schmalen Leinenbinden umwickelt und mit einer Schutzschicht überzogen.

(Herodot, der 455 v. Chr. Ägypten bereiste.)

Die Binden konnten insgesamt bis zu 375 Quadratmeter umfassen; das heißt, man könnte theoretisch ein ganzes Basketballfeld mit diesen Leinenbinden auslegen! (Wobei sich die Frage stellt, ob das besonders sinnvoll wäre.)

7 Wenn du möchtest, kannst du zauberkräftige Sprüche auf Papyrus mit einwickeln oder aber mit Tinte direkt auf die Binden schreiben. Das soll böse Geister abschrecken – Grabräuber allerdings nicht!

8 Die Augen können durch schwarze Steine ersetzt werden. (Ramses II. beispielsweise hatte zwei kleine Zwiebeln als Augen!)

9 Fülle alle Hohlräume des Leichnams mit Tüchern oder Lehm, damit er wieder möglichst naturgetreu aussieht, und nähe ihn danach gut zu. Nur das Herz bleibt im Körper, denn es wird bei der Ankunft im Totenreich voraussichtlich von Osiris gewogen.

10 Fertige eine möglichst lebensechte Maske für das Gesicht an. Da sie mit purem Gold überzogen wird, lass dir vom König genügend Geld geben, solange er noch lebt!

11 Lege die Mumie in einen Sarg (und möglichst in noch einen Sarg und in noch einen Sarg).

12 Fülle Magen, Leber, Därme und Lungen jeweils in spezielle Krüge (siehe Seite 58), schütte Natron dazu und versiegle die Krüge.

13 Führe das Ritual der Mundöffnung durch – wenn du es vergisst, kann die Mumie im Totenreich weder essen noch trinken, reden oder atmen!

14 Schließe den Sargdeckel. Bringe den Sarg in ein Grab oder eine Pyramide und versiegle die Grabstätte, damit sie vor Grabräubern geschützt ist. (Keine Angst um die Mumie. Sie hat eine Ba-Seele – die den Sarg nach Belieben verlassen kann. Eine Ba-Seele erkennt man auf den ersten Blick: Sie hat einen Vogelkörper und einen menschlichen Kopf.)

15 Sing ein Lied für den Verstorbenen. Ein altes ägyptisches Grablied lautete so:

Ihr Götter, nehmt diesen Menschen bei euch auf,
lasst ihn hören, genau wie ihr hört,
lasst ihn sehen, genau wie ihr seht,
lasst ihn stehen, genau wie ihr steht,
lasst ihn sitzen, genau wie ihr sitzt.

(Du musst dir eine eigene Melodie ausdenken, denn wir wissen nicht, wie die ägyptische Musik klang – vermutlich eine Art Singsang, begleitet von Trommel- und Tamburinklängen.)

16 Feiere ein Totenfest mit gutem Essen und viel Musik. Alle sind eingeladen – mit Ausnahme der Mumie!

Was mit der Mumie geschieht

Die Mumie wird in einen Sarg gelegt und dieser anschließend in die Grabstätte gebracht. Dann muss der Tote den gefährlichen Weg ins Totenreich unbeschadet überstehen und unterwegs Dämonen und Ungeheuer bekämpfen. Es gibt Flüsse aus Feuer und tiefe Schluchten. Für alle diese Gefahren gibt es passende Amulette und Zaubersprüche, die auf Papyrus geschrieben und dem Toten mit ins Grab gegeben werden. Diese Sprüche nennt man das Totenbuch.

Wenn der Verstorbene all diese Gefahren überwunden hat, gelangt er an das Tor zum Totenreich, wo seine verstorbenen Freunde bereits auf ihn warten. Doch zuvor muss er noch den größten Härtetest bestehen.

In der Gerichtshalle wird sein Herz auf eine Waagschale gelegt. Auf die andere Seite legt man die Feder der Wahrheit, die alle Lügen des vergangenen Lebens enthält. Und wehe, das Herz ist zu leicht! Die drei großen Götter – Osiris, Anubis und Thot – entscheiden über den Ausgang der Messung.

Wenn das Herz den Test bestanden hat, darf der Verstorbene die Gefilde der Seligen betreten. Ist das Herz jedoch zu leicht, wird es von der „großen Fresserin" verschlungen, einem Ungeheuer, das Krokodil, Nilpferd und Löwe zugleich ist.

Dann ist der Verstorbene für alle Ewigkeit verloren!

Bastle deinen eigenen Eingeweidekrug

Innereien sind eine ziemlich widerliche Sache, weshalb man sie am besten in speziellen Gefäßen (Kanopen) aufbewahrt. Die der Ägypter waren aus Ton. Du kannst aber auch eine Plastikflasche nehmen.

Du brauchst:
eine Plastikspritzflasche
Farben
Modelliermasse
Zeichenpapier
Farbstifte
Sand oder Kieselsteine
Kleber

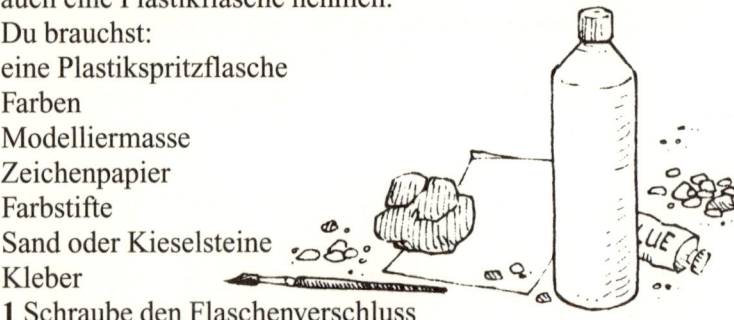

1 Schraube den Flaschenverschluss ab und spüle die Flasche gut aus.
2 Schneide ein Blatt Zeichenpapier so zu, dass es genau um die Flasche passt.
3 Bemale das Papier mit Hieroglyphen und Symbolen – Anregungen findest du in diesem Buch zuhauf.

4 Klebe das Papier um die Flasche.

5 Fülle Sand oder Kieselsteine in die Flasche, damit deine Kanope einen sicheren Stand hat.

6 Mache aus Modelliermasse einen neuen Verschluss, der die Form eines der vier Söhne des Gottes Horus hat:
Amset – mit Menschenkopf, bewacht die Leber;
Duamutef – mit Hundekopf, bewacht den Magen;
Kebehsenuf – mit Falkenkopf, bewacht die Därme;
Hapi – mit Affenkopf, bewacht die Lunge.

Kebehsenuf

Amset

Hapi

Duamutef

Das merkwürdige (aber wahre) Schicksal einiger Mumien ...

Magisches Pulver
König Karl II. von England (1630–1685) sammelte Staub und Pulver, das von alten Mumien rieselte, und rieb sich damit am ganzen Körper ein. Er glaubte, dass die „antike Größe" der Mumien auf diese Weise auf ihn „abfärben" würde.

Billiges Heizmaterial
Um 1800 entdeckte man so viele Mumien, dass ihr Wert auf einmal rapide sank. Als Holz und Kohle knapp wurden, fanden einige von ihnen als Heizmaterial in Lokomotiven Verwendung. Die ärmere Bevölkerung von Luxor benutzte Leinenbinden als Heizmaterial zum Kochen.

Schöner Wohnen
Dekorative Schaukästchen mit der Hand, dem Fuß oder einem anderen interessanten Körperteil einer Mumie waren beliebte Objekte auf gepflegten englischen Kaminsimsen.

Hexenkraft
Der berühmte englische Schriftsteller William Shakespeare kannte sich anscheinend aus; „Mumie" ist eine besondere Zutat für das Hexengebräu, das in seinem Stück „Macbeth" eine Rolle spielt.

Malerbedarf
Viele Künstler des 16. Jahrhunderts waren davon überzeugt, dass ihre Gemälde beim Trocknen nicht rissig würden, wenn sie Mumienpulver unter ihre Farben mischten.

Tipps und Tricks zum Gebrauch von Mumien

Bild I Magisches Pulver

Bild II Heizmaterial

Bild III Schöner Wohnen

Bild IV Hexenkraft

Bild V Malerbedarf

Mumien als Arznei

Vom frühen 13. bis fast ins 17. Jahrhundert wurden ägyptische Mumien wirklich und wahrhaftig zerstückelt und als Arznei verkauft. Sie sollten gegen alle möglichen Krankheiten helfen, von gebrochenen Gliedern bis zu Vergiftungen und diversen Leiden. Erst im späten 16. Jahrhundert verbot die ägyptische Regierung den Export weiterer Mumien.

Doch rasch wurden aus frischen Toten gefälschte Mumien hergestellt! Ein französischer Tourist von damals berichtete, er habe in einer Mumienwerkstatt 40 gefälschte Mumien gesehen!

Im Dienste der Wissenschaft

Der englische Wissenschaftler Sir Marc Armand Ruffer untersuchte Mumien, um herauszufinden, welche Krankheiten im alten Ägypten vorkamen. Das Ergebnis war nicht sonderlich aufregend: Es waren weitgehend dieselben wie heute.

Zur Papierherstellung

Papier aus Lumpen galt von jeher als reißfest und sehr hochwertig. Die Beduinen, ein Nomadenstamm, sollen angeblich Mumien gestohlen und an Papierfabriken verkauft haben.

Der amerikanische Papierhersteller Augustus Stanwood importierte bis Ende des 19. Jahrhunderts Mumien und verarbeitete die Leinenbinden zu Papier. Aus den fleckigen Bandagen stellte man allerdings kein edles Schreibpapier her. Hierfür war es nicht besonders geeignet. Aber als Packpapier für Metzger und Lebensmittelhändler war es wundervoll. Erst nach einer Cholera-Epidemie, als deren Ursache dieses Papier galt, wurde die Produktion eingestellt. Es hatte inzwischen etliche Tote gegeben – die Rache der Pharaonen?

Was würdest du mit einer Mumie anfangen? Sie als Schaufensterpuppe ausstellen? Oder als Türstopper, Vogelscheuche oder Lehrerschreck verwenden?

Schaufensterpuppe   Vogelscheuche   Lehrerschreck

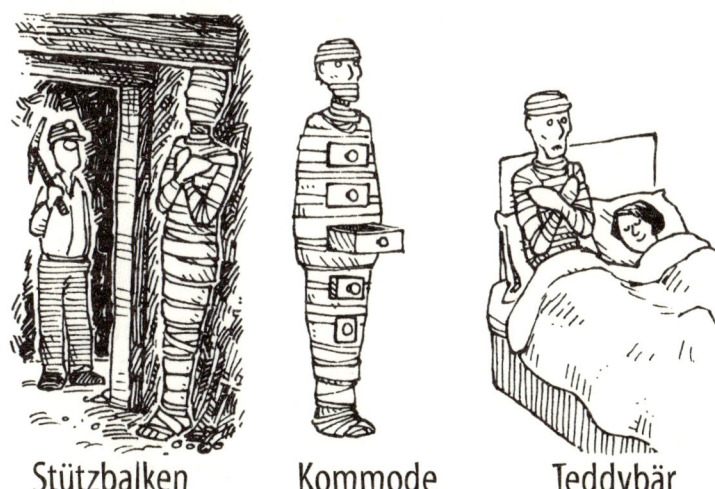

Stützbalken   Kommode   Teddybär

Mit Mumien eine goldene Nase verdienen

In den Handel mit Mumien und anderen Relikten Ägyptens waren ein paar seltsame Gestalten verwickelt – keine Archäologen, sondern Leute, die auf einfache Weise zu Geld kommen wollten wie zum Beispiel …

Giovanni Belzoni

Belzoni war über zwei Meter groß und arbeitete lange beim Zirkus. Später reiste er durch Ägypten und verkaufte Werkzeug. Bald stellte er fest, dass man mit Grabbeigaben gutes Geld machen konnte.

Sein spektakulärstes Unternehmen war der Transport der Statue von Ramses II. durch die Wüste, nilabwärts und dann auf dem Seeweg bis nach England. Heute befindet sie sich im Britischen Museum in London.

Vor seiner Abreise aus Ägypten wurde Belzoni gefragt: „Habt ihr in Europa so wenig Steine, dass ihr unsere mitnehmen müsst?"

„Nein", antwortete er, „aber die ägyptischen sind uns viel lieber."

Aber selbst Belzoni hätte vermutlich seine Finger gelassen von etwas so Suspektem wie …

Ginger

Erinnerst du dich an Ginger von Seite 49? Nun, über ihn ist ein merkwürdiges Gerücht im Umlauf …

Die Leute vom Britischen Museum waren sehr an Mumien interessiert. Einige gut erhaltene Exemplare aus Gräbern hatten sie bereits gesammelt, doch wollten sie eine Mumie aus der Zeit vor den Pyramiden. Sie wussten, dass auch gewöhnliche Fellachen gut erhalten sein mussten, weil sie im heißen Wüstensand beigesetzt wurden. Doch wo fand man einen solchen Körper?

Die Museumsleute kannten einen Händler von ägyptischen Altertümern, der bald darauf das Gewünschte auftrieb. Diese als „Ginger" bekannte Wüsten-Mumie ist noch heute im Britischen Museum zu sehen.

Allerdings hatte der Händler einen ziemlich schlechten Ruf, weil er angeblich auch Fälschungen lieferte, wenn er nicht auftreiben konnte, was ein Museum bestellt hatte.

Aber einen Toten würde er doch sicher nicht „nachmachen", oder? Bestimmt würde er keine frische Leiche trocknen und als 5000 Jahre alte Mumie an ein Museum verkaufen, oder?

Ganz bestimmt nicht!

Und außerdem, wen hätte er umbringen sollen?

Merkwürdigerweise soll damals, als Ginger auftauchte, der Bruder des ägyptischen Händlers verschwunden sein!

Aber ganz bestimmt würde er niemals … oder doch?

Das schaurigste Ende einer Mumie
Als König Ludwig XIV. von Frankreich 1715 starb, wurde sein Herz mumifiziert. Im 19. Jahrhundert kam Dean von Westminster in den Besitz des Herzens und soll es verspeist haben!

Der Fluch des Königsgrabes

Eine wahre Geschichte?

26. November 1922

Der britische Archäologe Howard Carter suchte jahrelang nach einem noch ungeplünderten Pharaonengrab. Die Pyramiden waren leer, die Schätze schon vor Jahrhunderten gestohlen worden. Es war frustrierend. Aber er gab nicht auf. Er hoffte, dass einige der Felsengräber im Tal der Könige ihr Geheimnis noch bewahrt hatten.

Nach langer Suche gelangte er an den Eingang einer versiegelten Grabkammer. Er ließ extra den Expeditionsleiter Lord Carnarvon anreisen, damit dieser dem großen Ereignis beiwohnen konnte, das Carter später wie folgt beschrieb:

Mit zitternden Händen machte ich eine kleine Öffnung in der linken oberen Ecke und steckte eine Eisenstange hindurch.

Hinter der Tür befand sich offensichtlich ein Hohlraum. Ich erweiterte die Öffnung, hielt eine Kerze hinein und schaute ins Innere.

Zuerst konnte ich nichts sehen, da die aus der Kammer entströmende heiße Luft das Licht der Kerze zu heftig zum Flackern brachte. Doch sobald sich meine Augen an die Dunkelheit gewöhnt hatten, tauchten nach und nach Einzelheiten aus dem Nebel auf: seltsame Tierfiguren, Statuen und Gold – überall schimmerndes Gold!

Vor Ergriffenheit brachte ich kein Wort über die Lippen. Gespannt fragte Lord Carnarvon: „Können Sie etwas sehen?" Und ich konnte nur leise stammeln: „Ja, wunderbare Dinge."

Carter verbrachte Jahre mit der Ausgrabung des spekta-
kulärsten Fundes des 20. Jahrhunderts: Er hatte das Grab
des jung verstorbenen Königs Tutanchamun entdeckt.
Aber war dem alten Grab mehr als nur heiße Luft ent-
strömt? Vielleicht auch der über 3000 Jahre alte Fluch, mit
dem die alten ägyptischen Priester das Grab belegt hatten,
um den König zu schützen?

Der Fluch
Die seltsamsten Gerüchte ließen nicht lange auf sich war-
ten. Nach der Graböffnung kletterten die Männer wieder
hinaus in die Abendsonne. Als der letzte Arbeiter heraus-
stieg, kam ein Sandsturm auf und hüllte den Eingang der
Höhle in Dunkelheit. Später tauchte im Westen ein Falke
auf. Der Falke war das Symbol der Pharaonen, Westen die
Richtung des ägyptischen Totenreichs.
   Lord Carnarvon starb am 6. April 1923, nur wenige
Monate nach der Entdeckung. Er wurde von einem
Moskito auf die linke Wange gestochen und starb an
Blutvergiftung. Als Ärzte später die Mumie von
Tutanchamun untersuchten, bemerkten sie ein seltsames
Mal im Gesicht der Mumie … auf der linken Wange!

In der Nacht von Lord Carnarvons Tod fielen in Kairo alle Lichter aus und die ägyptische Hauptstadt war in Finsternis gehüllt. Zur gleichen Zeit heulte sein Hund in England auf und verendete. „Die Rache des Tutanchamun!", davon waren die Leute überzeugt.

In den folgenden Monaten wurde der Tod mehrerer Personen, die das Grab besichtigt hatten, auf diesen Fluch zurückgeführt. Einer davon war der ägyptische Prinz Ali Farmy Bey, dessen Stammbaum bis auf die Pharaonen zurückgeht. Er wurde in einem Londoner Hotel ermordet, sein Bruder beging Selbstmord.

Richard Bethell, der Carter beim Auflisten von Tutanchamuns Schätzen geholfen hatte, beging 1929 offensichtlich Selbstmord. Wenige Monate später war in den Zeitungen beim Tod seines Vaters vom neunzehnten Opfer des Fluchs die Rede …

Lord Westbury, 78 Jahre, stürzte sich heute aus einem Fenster seiner Wohnung im siebten Stock eines Londoner Hauses. Er war auf der Stelle tot. Lord Westburys Sohn, der frühere Sekretär von Howard Carter, dem Archäologen, der das Grab des Tutanchamun entdeckt hat, wurde im letzten November tot in seiner Wohnung aufgefunden, obwohl er am Abend zuvor bei bester Gesundheit zu Bett ging. Die genaue Todesursache wurde nie festgestellt …

Lord Westbury soll kurz vor seinem Tod geschrieben haben: *Diesen Horror halte ich nicht mehr aus.* In dem Raum, aus dem er gesprungen war, fand die Polizei eine Steinvase. Sie stammte aus dem Grab des Tutanchamun.

Die Liste der Todesfälle wurde noch länger. Als Archibald Reid, ebenfalls Archäologe, beim Röntgen einer Mumie verstarb, lauteten die Schlagzeilen: *Ein Grauen geht durch England!*

Als der Ägyptologe Arthur Weigall an einem „unbekannten Fieber" starb, wurde er zum einundzwanzigsten Opfer des Fluches erklärt. Selbst der mysteriöse Tod eines Amerikaners namens Carters wurde Tutanchamun zur Last gelegt.

Der Fluch wird enttarnt

Howard Carter nannte sämtliche Berichte über den Fluch lächerlich und behauptete, sie seien nur zur Unterhaltung der Leserschaft in Umlauf gebracht worden. Er selbst starb erst 1939 eines natürlichen Todes. Hätte nicht er, der als Erster die Grabkammer betreten hatte, auch als Erster dem Fluch erliegen müssen? Auch einige von Carters Assistenten wurden sehr alt. Doktor Derry, der Tutanchamuns Körper untersucht hatte, wurde 88 Jahre alt.

Im Jahre 1933 nahm der deutsche Professor Georg Steindorff den Fluch näher unter die Lupe. Er fand heraus, dass Lord Westbury und sein Sohn niemals direkt mit dem Grab oder der Mumie in Berührung gekommen waren. Und Richard Bethell starb vermutlich eines natürlichen Todes. Steindorff bewies auch, dass der Amerikaner Carter nichts mit Howard Carter zu tun gehabt hatte.

Mumien wurden nicht mit einem „Fluch" beigesetzt, sondern mit einem Zauberspruch, der die Feinde des Pharaos nicht töten, sondern nur erschrecken sollte, damit der König unbehelligt ins Totenreich gelangen konnte.

WARNUNG
Wirksame Zaubersprüche gefährden
Ihre Gesundheit

Die Geschichte geht weiter

Aber es ist schwierig, eine gute Geschichte einfach fallen zu lassen. Die Leute lieben Horrorfilme, und herumirrende Mumien geben ideale Monster ab. Als ein Pariser Museum 1966 die Schätze des Tutanchamun ausleihen wollte, gab es neue Schlagzeilen. Mohammed Ibraham, einer der Verantwortlichen in Ägypten, war dagegen gewesen. Er hatte geträumt, er würde ein schreckliches Ende nehmen, wenn die Schätze das Land verließen. Deshalb sprach er sich heftig dagegen aus. Doch er wurde überstimmt. Als Mohammed die Versammlung verließ, wurde er von einem Auto überfahren und starb.

Und du, glaubst du an den Fluch des Tutanchamun?

Die Hand der Mumie

In den letzten Jahrzehnten kursierten etliche „wahre"
Geschichten über Mumien. Glaubst du diese hier?

Lord Carnarvon,
ich flehe Euch an: Passt auf Euch auf! Die alten Ägypter
hatten Wissen und Kräfte, von denen wir Heutigen keine
Ahnung haben!
  Ihr getreuer Freund Graf Louis Hamon

Als Lord Carnarvon dieses Schreiben gelesen hatte, sagte
er: „Da braucht es mehr als seltsame Briefe, um mich da-
von abzuhalten, weiterhin Gräber zu erforschen!"
  Wenige Tage danach entdeckte Lord Carnarvons
Expedition das berühmte Grab des Tutanchamun und vier
Monate später war Lord Carnarvon tot! Was hatte Lord
Hamon veranlasst, seinen Freund schriftlich zu warnen?
  Es war eine Erfahrung, die er mit einer Mumienhand ge-
macht hatte …

3. Die Prinzessin wurde begraben... allerdings ohne ihre Hand.

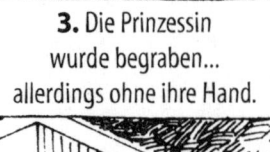

4. Das schauerliche Relikt, ihre Hand, wurde von einer Familie zur nächsten weitergegeben, bis sie in diesem Jahrhundert in den Besitz eines Scheichs gelangte.

Du hast mich von Malaria geheilt, Hamon. Zum Dank gebe ich dir ein Geschenk ...

5. Und der Scheich gab Hamon die Hand der Prinzessin.

Ich kann es nicht annehmen, ein so ... wertvolles Geschenk ...

Ich bestehe darauf!

6. Hamons Frau hasste die Hand.

Kannst du sie nicht einem Museum vermachen?

Ich hab's versucht – alle haben abgelehnt.

7. Dann schließ sie in den Safe und wir vergessen sie ...

8. Doch als die Hamons den Safe im Oktober 1922 öffneten, erstarrten sie vor Schreck ...

Sie ist nicht mumifiziert! Sie ist so weich und frisch wie meine!

10. In der Halloween-Nacht las Hamon Gebete aus einem alten „Totenbuch" vor.

11. Doch als er das Buch zuklappte, war plötzlich das ganze Haus dunkel und bebte.

12. Ein Windstoß riss die Tür auf.... Die Hamons fielen zu Boden und eine ägyptische Frau erschien.

14. Die Gestalt beugte sich über die Hand und verschwand wieder.

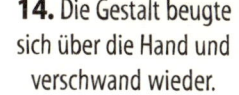

15.

Die Hand ...

... ist weg!

16. Die Hand tauchte nie wieder auf, und Hamon beschloss, seinen Freund zu warnen.

Ich muss Carnarvon schreiben ...

Doch Carnarvon wollte ihm nicht glauben – und musste sterben ...

Unerschrockene Grabräuber

Welche Macht hatten die Grabräuber? Sie hatten die Macht, die Geschichte Ägyptens umzuschreiben!

Um als Mumie in Sicherheit zu sein, ließen die Pharaonen Pyramiden erbauen, doch Grabräuber störten ihre Totenruhe und stahlen alle Schätze, mit denen sie beigesetzt worden waren.

Deshalb wurden immer größere und noch sicherere Pyramiden gebaut. Doch die Grabräuber gaben nicht auf und klauten weiter.

Am Ende mussten die Pharaonen aufgeben. Sie begriffen, dass eine Pyramide geradezu ein Aushängeschild war, auf dem stand: „Schaut, ein Grab voller Schätze!" Sie beschlossen sich in verborgenen Felshöhlen beisetzen zu lassen.

Wegen der Grabräuber bauten die Ägypter keine Pyramiden mehr. Doch in dem jahrhundertelangen Kampf zwischen Gräberbauern und Grabräubern mussten auch Letztere gelegentlich eine Schlappe hinnehmen …

Die Rache der Mumie

Endlich hatte der Räuber sein Ziel erreicht: Er stand vor dem steinernen Sarkophag. Welche märchenhaften Schätze er dort wohl finden würde?

Der Deckel des Sarkophags war schwer. Eine Schufterei, ihn anzuheben! Mit der Ruhe in der stillen Kammer war es vorbei. Staub und Sand rieselten von der Decke. Endlich ein Riss im Deckel. Der Mann machte eine kurze Pause, ehe er mit neuer Energie ans Werk ging. Der Riss wurde breiter. In seiner Aufregung bemerkte der Mann nicht, dass erste Steine aus der Kalksteindecke fielen.

Noch ein Versuch! Es knarrte. Der Mann streckte eine Hand in den Sarg. Noch ein Knarren, doch diesmal nicht vom Sargdeckel. Es war das Dach der Grabkammer! Bei seinem Versuch, in das Grab einzudringen, hatte der Grabräuber es beschädigt. Zu spät bemerkte er nun, dass seine Gier ihm zum Verhängnis wurde. Die Dachplatte erschlug ihn, seine Hand steckte noch im Sarg.

So wurde er im Jahre 1970 von Archäologen gefunden, die das Grab erforschten: ein Skelett in Lumpen, die einst sein Mantel gewesen waren. Die Hand steckte noch immer im Sarkophag. In der Tasche des Mantels fanden sie etwas, das ihnen genau verriet, wann der Mann hier eingedrungen war: die Reste einer alten Zeitung. Wann war der Grabräuber erschlagen worden? 1944 – n. Chr.!!

Tipps + Tricks für Grabräuber

Versetze dich ein paar Jahrtausende zurück. Du reist durch das alte Ägypten und dir geht das Kleingeld aus. Deshalb beschließt du, eine Pyramide oder ein Felsengrab auszurauben. Hier ein paar Tipps, um möglichst ungeschoren davonzukommen:

1 Denk an die Strafe für ertappte Grabräuber: Folter und Hinrichtung. Also sei ein bisschen vorsichtig!

2 Sei im Vorfeld nicht knauserig, schließlich bist du hinterher stinkreich! Sorge dafür, dass die örtlichen Beamten auf deiner Seite sind. Freunde dich mit ihnen an, auch wenn es nicht ganz billig ist!

3 Stell eine Bande von sieben bis acht Leuten zusammen, die über besondere Kenntnisse verfügen müssen. Du brauchst:

▲ Ein paar geschickte Steinmetze, die den Weg frei meißeln.

▲ Einen Schmied, der Gold und Silber einschmelzen kann.

▲ Einen gewieften Flussschiffer für den Weg zur Grabstätte (und für den Rückweg), der zugleich Schmiere stehen kann.

▲ Wasserträger für die Steinmetze und als Hilfskräfte.

4 Wähle möglichst einen Hintereingang ins Grab, damit die Priester den Einbruch nicht gleich bemerken und der Haupteingang versiegelt bleibt. Solange sie glauben, dass die Mumie in Sicherheit ist, bist auch du in Sicherheit!

5 Zahle allen, die mit dem Begräbnis zu tun haben, Schmiergeld:

▲ Dem Sargmacher. Er kann an einem Ende des Sargs eine Falltür einbauen, damit du kein Siegel verletzen und keinen Deckel aufhieven musst. Du brauchst dann nur die Falltür zu öffnen und kannst Mumie und Schätze mühelos herausholen.

Ich bin in einer Zwickmühle. Mit dem ganzen Geld von meinem letzten Grabraub habe ich Leute bestochen, damit ich ein Grab ausrauben kann, um Leute zu bestechen, um dann Gräber ausrauben zu können ...

▲ Dem Grabversiegler. Er muss die drei Türen, die ins Innere führen, versiegeln. Wenn du ihm genug bezahlst, wird er die beiden inneren Türen nicht versiegeln – und das erspart dir eine Menge Arbeit!

▲ Den Grabwächtern. Ein langweiliger Job. Ein bisschen Grabräuberei würde ihr Leben interessanter machen. Natürlich musst du das Grab nach außen hin so verlassen, wie du es aufgefunden hast. Und sie können das Grab auch bewachen, wenn es leer ist.

▲ Den Priestern. Da sie ohnehin sehr reich sind, musst du eine anständige Summe herausrücken, damit sie während deines Einbruchs ein Auge zudrücken.

▲ Den Hofbeamten. Wenn sie erfahren, dass du eingebrochen bist, werden sie dich verhaften lassen. Also bestich sie lieber gleich, damit sie für dich lügen. Sie müssen nur sagen: „Das Grab wurde nicht angerührt!" – und du bist wieder ein freier Mann!

6 Mach dich mit Insider-Tricks vertraut. Setz z. B. das Grab einfach in Flammen. Alles aus Holz verbrennt – das Gold aber schmilzt und sammelt sich in kleinen Tümpeln. Sobald diese abgekühlt und hart sind, hol sie aus der Asche und bring sie in Sicherheit. Cool, hm?

7 Arrangiere dich mit reisenden Händlern. Sie werden dir deine gestohlenen Schätze abkaufen ohne dumme Fragen zu stellen oder dich zu verraten. (Heutzutage nennt man solche Leute „Hehler".)

8 Stelle deinen plötzlichen Reichtum nicht zu offen zur Schau. Das wurde schon so manchem Grabräuber zum Verhängnis. Deine Mitmenschen würden sich fragen, woher dein Vermögen stammt.

9 Es ist von Nutzen, die Gänge und Kammern eines Grabes gut zu kennen – viele Grabarbeiter wurden später zu Grabräubern. Wenn sie nicht pünktlich ihren Lohn bekamen, traten sie in Streik, marschierten vor die Häuser der Beamten und riefen: „Wir haben Hunger, Hunger, Hunger …" Wenn das nichts nutzte, raubten sie eben die Gräber aus, die sie zuvor gebaut hatten.

10 Am allerbesten ist es, die Leiche zu klauen, ehe sie begraben wird! Jemand soll das mal mit der Mumie der Mutter eines Pharao gemacht haben. Das kann sich so abgespielt haben …

Wo ist meine Mam?

Cheops war größenwahnsinnig, das muss einmal gesagt werden. Seit Jahrhunderten schon wurden die Pharaonen in Pyramiden beigesetzt, die als Weltwunder galten. Cheops aber wollte eine noch größere.

„Meine Pyramide soll gewaltig werden. Die größte Pyramide, die die Welt je gesehen hat."

„Aber natürlich, Euer Majestät", sagte der Großwesir Yussef mit einer Verbeugung. „Die größte Pyramide für den größten Pharao aller Zeiten. Dafür werde ich sorgen." Das würde Yussef zum wichtigsten Mann Ägyptens machen – neben Cheops natürlich.

„Und meine Pyramide muss sicher sein, Yussef, absolut einbruchsicher! Ich habe keine Lust, mir von Grabräubern den Gang ins Totenreich verbauen zu lassen."

„Es wird das sicherste Grab aller Zeiten werden, Euer Majestät", versprach der Großwesir.

„Und das größte!", mahnte der Pharao.

„Selbstverständlich, Euer Majestät!" Yussef verbeugte sich und eilte davon.

Cheops Mutter, Hetepheres, sagte seufzend: „Leider werde ich das Ende der Bauarbeiten nicht mehr erleben, mein Sohn."

„Vielleicht nicht hier, aber du wirst vom Totenreich aus zuschauen. Und eines Tages werde ich nachkommen", versprach Cheops.

„Wenn die Grabräuber es zulassen, mein Sohn."

„Grabräuber werden niemals einen Fuß in meine Pyramide setzen!", prahlte Cheops.

Hetepheres hüstelte. „Ich sprach von meinem Grab, mein Sohn, nicht von deinem."

Cheops sprang auf. „Liebste Mutter, ich schwöre dir bei allen Göttern, dass dein Grab so sicher werden wird wie meines!"

„Das kann ich nur hoffen", sagte Hetepheres und schüttelte traurig den Kopf. „Ich kann nur hoffen."

Die Cheops-Pyramide wuchs und wuchs und die Jahre verflogen wie Wüstensand ... und plötzlich starb Hetepheres.

Cheops trauerte und richtete seiner Mutter ein großartiges Begräbnis aus. Tausende von Menschen standen entlang der staubigen Straße nach Dashur, um Hetepheres die letzte Ehre zu erweisen. Tausende von neidischen Augen verfolgten die juwelenbesetzten Kisten und die mit Edelsteinen besetzten Statuen aus Silber und Gold, die der alten Königin mit ins Grab gegeben werden sollten.

In mein Grab kommt bestimmt nur mein Lieblingsstock und meine Sammlung von getrocknetem Kuhdung ...

Der Zugang zur Grabkammer wurde mit riesigen Steinen versperrt und Tag und Nacht bewacht. Niemand konnte hinein ...

... aber einer wohl doch!

Es war Yussef, der Cheops die schreckliche Nachricht überbrachte. „Unmöglich!", brüllte Cheops. „Ich habe ihr versprochen, dass sie in Sicherheit ruhen wird. Nun kommt sie nicht ins Totenreich!" Zornbebend wandte er sich an seinen Großwesir: „Ich will, dass alle Verantwortlichen getötet werden."

„Aber der Körper ist doch in Sicherheit, Euer Majestät", sagte Yussef nachsichtig. „Niemand muss sterben."

„In Sicherheit?"

„Ja, der Sarg ist noch da", erwiderte Yussef gelassen.

„Osiris und Isis sei Dank", stammelte der König. „Aber so etwas darf nie wieder geschehen. Wir müssen ein zweites Grab finden, ein geheimes ... irgendwo in der Nähe der Großen Pyramide. Die wertvollsten Schätze befinden sich im Sarg."

„Ich weiß, Euer Majestät, ich weiß", sagte Yussef lächelnd. „Und ich habe schon einen perfekten Plan."

Yussefs Plan war wirklich genial. Hetepheres' neue Ruhestätte blieb 3000 Jahre lang unangetastet. Grabräuber und Archäologen wussten vom ersten Grab und auch, dass der Sarg versteckt worden war. Doch sie suchten vergeblich.

Sie fanden nichts, bis ...

... ein Fotograf die Ausgrabungen in der Nähe der Cheops-Pyramide fotografierte. Er stellte das Stativ seiner Kamera auf den vermeintlich massiven Fels. Plötzlich sank eines der Beine des Stativs ein – auf Felsgestein war das wohl kaum möglich!

Vorsichtig wischten die Archäologen den Sand weg. Darunter war natürlich kein Fels. Es war Gips, der eine Schachtöffnung bedeckte. Der Schacht war mit Steinblöcken angefüllt, die mit Mühe einzeln weggeräumt werden mussten, und in massiven Fels gehauen – bestimmt keine leichte Sache damals für Cheops' Arbeiter.

In dreißig Meter Tiefe stießen die Archäologen endlich auf eine Grabkammer. Der große weiße Steinsarg war unversehrt. Genau wie Cheops ihn vor der geheimen Beisetzung gesehen hatte.

Da in der unterirdischen Grabkammer nur acht Leute Platz hatten, waren nur acht Personen bei der Sargöffnung zugegen. Gespannt warteten sie darauf, die älteste Mumie der Welt zu sehen, eine Mumie, die im Jahre 2500 v. Chr. begraben worden war.

Doch alles, was sie fanden, waren zwei silberne Armreifen – eine armselige Beigabe für die einst unermesslich reiche Königin Hetepheres. Und keine Mumie!

Aber es war offensichtlich, dass diese Grabkammer nie zuvor betreten worden war. Der gute Cheops hatte einen leeren Sarg beisetzen lassen! Wahrscheinlich wandert er noch heute durch das Totenreich und sucht seine Mami. Vielleicht sieht ihm sein gerissener Großwesir dabei zu – und grinst sich eins.

Grabräuber späterer Zeiten

Die Priester des alten Ägypten glitten lautlos durch die mondlose Dunkelheit. Ihre Diener trugen eine schaurige Last – 30 Mumien! Doch die Priester waren keine Mumienräuber, sondern Mumienretter.

Auf der Suche nach Schätzen hatten Räuber das Tal der Könige geplündert. Sie begnügten sich nicht mit dem Gold, sondern rissen auch Mumien auf, um an versteckte Juwelen zu kommen. Jeder wusste, wer die Räuber waren, doch keiner konnte sie stoppen, weil sie mächtige Freunde hatten. Selbst wenn sie verhaftet wurden, waren sie innerhalb kürzester Zeit wieder frei.

Die königstreuen Priester sahen nur eine Möglichkeit, um ihre Gottkönige und Königinnen zu retten. Sie mussten sie fortschaffen. In einer Geheimaktion wurden mehrere Mumien aus den aufgebrochenen Gräbern geholt und in einen versteckten Raum tief im Felsgestein gebracht.

Die Leinenbinden wurden geflickt, die Körper wieder mit neuen Schutzamuletten und den wenigen Schmuckstücken versehen, die ihnen verblieben waren. Anschließend wurde die geheime Grabkammer versiegelt und der Eingang getarnt. Und tatsächlich wurden Räuber auf diese Weise für die nächsten Jahrtausende abgehalten.

Historiker wussten von den 30 bedeutenden Königen und Königinnen, doch die Archäologen konnten ihnen nicht sagen, wo sie begraben waren. Dieses Geheimnis wurde erst um 1880 von Grabräubern gelöst …

Die Geschichte von Mohammed

Mohammed war am Ende. Er konnte sich kaum noch auf
den Beinen halten, sein Körper war mit blauen Flecken
übersät. Er humpelte zum Haus seines Bruders, wo er zu-
sammenbrach. Ahmed, sein ältester Bruder, brachte ihm
einen Stuhl und heißen Kaffee. „Hast du etwas verraten?",
fragte Ahmed.

Mit Stolz in den Augen blickte Mohammed auf. „Die
Polizisten haben mich gefesselt und in eine Zelle gewor-
fen. Dann schlugen sie mich auf die Fußsohlen, bis sie
brannten wie Feuer!"

„Hast du etwas verraten?", fragte ein weiterer Bruder besorgt.

„Kein Sterbenswörtchen", flüsterte Mohammed. „Sie
wollten wissen, woher wir das viele Geld haben. Ich sagte, wir hätten dafür gearbeitet. Da haben sie mich geschlagen. Sie fragten auch, was ich von den Sachen weiß, die
aus dem Grab gestohlen wurden, und ich sagte, ich wisse
nichts. Da haben sie mich noch mal geschlagen."

„Du warst sehr tapfer, Mohammed", sagte ein jüngerer
Bruder lobend.

„Ich habe euch den dreckigen Hals gerettet", schnaubte
Mohammed.

„Dafür sind wir dir dankbar", sagte Abdul.

Mohammed beugte sich vor. „Wie dankbar genau?"

„Sehr dankbar."

„Ich meine – wie viel ist euch mein Schweigen wert?",
fuhr Mohammed fort, während er an dem Kaffee nippte.

Die Brüder zuckten mit den Schultern. „Wir haben den
Erlös immer gerecht unter uns fünfen aufgeteilt."

„Gut, in Zukunft will ich die Hälfte für mich", erklärte
Mohammed.

Die Brüder blickten einander an. Einer lachte leise auf.
Dann noch einer. Bald lachten alle vier Brüder lauthals.
Es war Ahmed, der schließlich ausrief: „Du scheinst zu
vergessen, dass ich es war, der die Mumien 1871 entdeckt
hat. Wenn jemandem die Hälfte zusteht, dann mir!"

„Und wenn du nicht so gierig gewesen wärst und zu viel
auf einmal verkauft hättest, hätten uns die Leute vom
Museum nicht die Polizei auf den Hals gehetzt", wider-
sprach Mohammed. „Ich will einen größeren Anteil. Ich
habe ganz schön gelitten!"

Ahmed stand auf, sein Lachen erstarb. „Niemals!"

Mohammed schmetterte die Kaffeetasse auf den Boden
und humpelte zur Tür. „Na schön", murmelte er.

Wenige Minuten später klopfte er an die Tür des
Museumsleiters.

„Mr. Maspero?", fragte er.

„Er ist nicht da. Ich bin sein Assistent, Emil Brugsch.
Kann ich dir weiterhelfen?"

„Nein, aber ich kann Ihnen weiterhelfen", sagte
Mohammed und erzählte die ganze Geschichte. Brugsch
erfuhr, wie Ahmed die Grabkammer entdeckt hatte. Auf
der Suche nach einer entlaufenen Ziege kam er zu dem
Eingang eines steil abfallenden Ganges; als er wenig später mit einer Lampe zurückkam, entdeckte er eine
Grabkammer mit 30 Mumien samt Goldschätzen.

Gefundene Schätze gehören natürlich dem Ägyptischen
Museum. Sie zu verkaufen war und ist gesetzlich verbo-
ten. Über zehn Jahre lang verkauften Ahmed und seine
Brüder die Schätze nach und nach an Sammler.

„Wirst du mich zu dieser Grabkammer führen?", fragte Brugsch.

Mohammed nickte. „Letztes Mal bekamen wir Probleme. Mr. Pawar, der Bürgermeister von West-Theben, musste sich für uns einsetzen … und wir bezahlten ihn natürlich gut. Werden Sie dafür sorgen, dass ich nicht ins Gefängnis komme, Mr. Brugsch?"

Brugsch lachte. „Wenn das, was du mir erzählt hast, stimmt, kommst du nicht ins Gefängnis! Du wirst als Nationalheld gefeiert werden!"

„Die gestohlenen Schätze …"

„Oh, die sind nicht so wichtig. Uns geht es mehr um die Mumien. Können wir gehen?"

Brugsch fand die Grabkammer, musste jedoch schwer kämpfen um die wertvollen Mumien zu erhalten. Männer aus der nahe gelegenen Stadt bekamen Wind von der Sache und wollten verhindern, dass der Archäologe ihre toten Könige entführte. Als sie nilabwärts ins Museum von Kairo transportiert wurden, stand die einheimische Bevölkerung am Ufer, weinte und streute sich Staub auf den Kopf – genau wie die alten Ägypter vor Tausenden von Jahren.

Während der Schiffsreise griffen Räuber das Boot an und versuchten die Mumien zu stehlen. Diesmal waren sie zu gut bewacht. Endlich gelangten die Mumien in das sichere Museum von Kairo. Was glaubst du, ist mit Mohammed passiert? Wurde er …

A Ins Gefängnis gesteckt?
B Mit 500 Dollar belohnt?
C Hingerichtet?
D Als Ausgrabungsleiter angestellt?
E Von einem Fluch der Mumien getötet?

Antwort: B und D.

Ein bemerkenswerter Fluss

Was hat der Nil mit den Pyramiden zu tun?

Sehr viel, denn ohne den Nil gäbe es keine Pyramiden.

Nordafrika war früher ein üppiges Grasland. Das Gebiet, das heute Ägypten ist, stand unter Wasser. Dann, vor etwa 9000 Jahren, begann die Gegend auszutrocknen und Menschen wurden sesshaft. Als es noch trockener wurde, siedelten die Menschen vor allem in der Nähe des Nils an. Doch warum bauten sie die Pyramiden?

Hier vier Hinweise. Errätst du, wie jeder dieser Punkte zum Bau der Pyramiden beigetragen haben könnte?

1 Jedes Jahr trat der Nil über die Ufer und machte das umliegende Land fruchtbar. Aber natürlich konnten die Fellachen nicht auf den Feldern arbeiten, wenn diese überflutet waren.

2 Die Gebiete, die nicht überschwemmt wurden, verwandelten sich in Wüste – schlecht zu durchqueren für andere Völker. Abgeschnitten vom Rest der Welt, war Ägypten vor aufdringlichen Nachbarn sicher.

3 Man kannte noch kein Rad. Doch während der Überschwemmungszeit, wenn Häuser und Dörfer abgeschnitten waren, lernten die Fellachen Boote zu bauen.

4 Die Regenfälle in den tropischen Wäldern Afrikas ließen den Nil ansteigen und in Ägypten regnete es fast nie. Die plötzlichen, lebenswichtigen Nilfluten waren für die Ägypter ein Geschenk des Himmels.

Hier die vier Seiten einer Pyramide, die den Zusammenhang zwischen Nil und Pyramiden erklären.

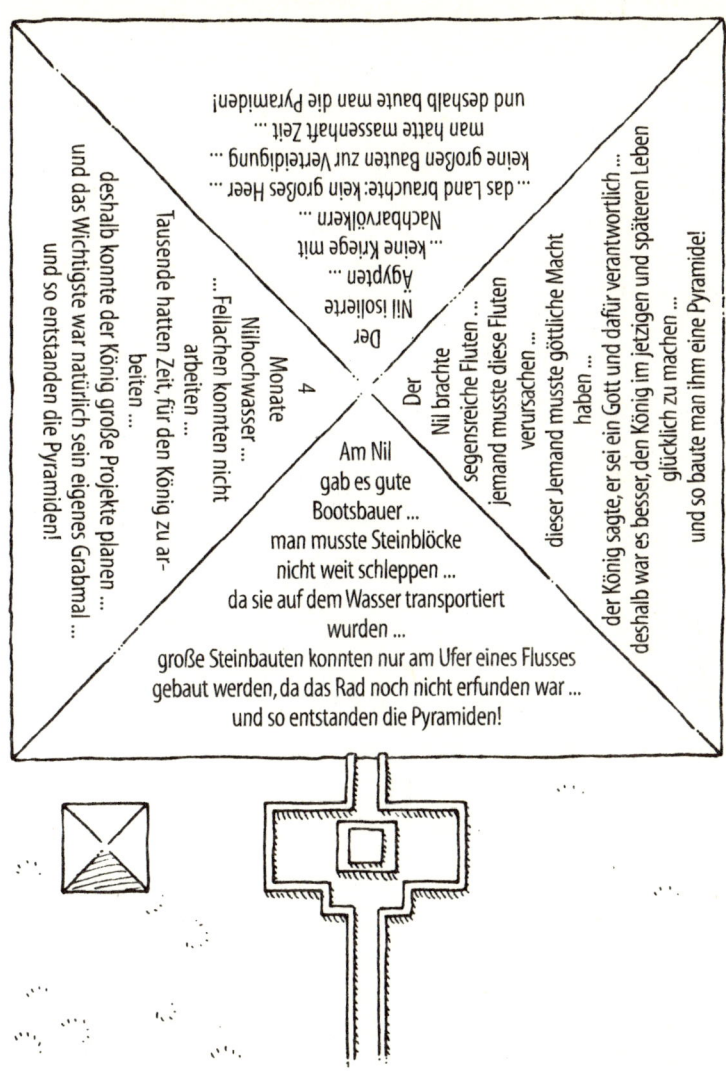

Der Nil isolierte Ägypten ... keine Kriege mit Nachbarvölkern ... ... das Land brauchte: kein großes Heer ... keine großen Bauten zur Verteidigung ... man hatte massenhaft Zeit ... und deshalb baute man die Pyramiden!

4 Monate Nilhochwasser ... Fellachen konnten nicht arbeiten ... Tausende hatten Zeit, für den König zu arbeiten ... deshalb konnte der König große Projekte planen ... und das Wichtigste war natürlich sein eigenes Grabmal ... und so entstanden die Pyramiden!

Der Nil brachte segensreiche Fluten ... jemand musste diese Fluten verursachen ... dieser Jemand musste göttliche Macht haben ... der König sagte, er sei ein Gott und dafür verantwortlich ... deshalb war es besser, den König im jetzigen und späteren Leben glücklich zu machen ... und so baute man ihm eine Pyramide!

Am Nil gab es gute Bootsbauer ... man musste Steinblöcke nicht weit schleppen ... da sie auf dem Wasser transportiert wurden ... große Steinbauten konnten nur am Ufer eines Flusses gebaut werden, da das Rad noch nicht erfunden war ... und so entstanden die Pyramiden!

Fakten, Fakten, Fakten

1 Von der Quelle bis zur Mündung ins Mittelmeer ist der Nil eindrucksvolle 6.671 Kilometer lang.

2 Zwei Flüsse bilden den Nil:
– der Blaue Nil aus dem Äthiopischen Hochland
– und der Weiße Nil aus Uganda.

3 Der Nil trat jedes Jahr fast zum gleichen Zeitpunkt über die Ufer: Mitte Juni. Markierungen im Gestein am Ufer zeigten die alljährliche Wasserhöhe an. Man nennt sie „Nilometer" (Fakt oder Fabel?).

4 Der Nil zog sich erst im Oktober wieder in sein Bett zurück.

5 Der Nil brachte nicht nur jede Menge Wasser mit, sondern auch schwarzen Schlamm, der das Land fruchtbar machte und reiche Ernten bescherte. Deshalb nannten die Ägypter ihr Land „Keme" – Schwarzes Land.

6 Im November begann es überall zu sprießen. Die Höhe des Hochwassers bestimmte das Ausmaß der Ernten. Plinius, ein römischer Besucher, schrieb:

Ein Anstieg von 12 Ellen bedeutet Hunger.
(1 Elle = 1,5 m)
Ein Anstieg von 13 Ellen bedeutet Leid.
Ein Anstieg von 14 Ellen bedeutet Glück.
Ein Anstieg von 15 Ellen bedeutet Sicherheit.
Ein Anstieg von 18 Ellen bedeutet eine Katastrophe.

> Etwas feucht heute, was?

Eine Katastrophe trat ein, wenn die Fluten so hoch stiegen, dass die Lehmhäuser weggespült wurden.

Machen sich prima als Leuchttürme, diese Pyramiden ...

7 Herodot, ein griechischer Reisender, schrieb:
Wenn der Nil über seine Ufer tritt, verwandelt sich das Land in einen riesigen See, aus dem nur hier und dort Städte aufragen, die wie Inseln aussehen.

8 Der Nil war die wichtigste Verkehrsverbindung durch Ägypten. Längere Reisen wurden fast immer per Boot gemacht.

9 Heutzutage tritt der Nil nicht mehr über seine Ufer. Der große Staudamm bei Assuan (1971 gebaut) reguliert die Wasserhöhe. Aber das führte zu neuen Problemen. Ohne die Fluten gibt es keinen fruchtbaren Schlamm mehr; folglich müssen die Bauern für viel Geld chemische Dünger kaufen.

10 Über den Nil wurden viele Gedichte und Lieder geschrieben. Ein Priester dichtete:
Heil dir, o Nil,
der du Ägypten ernährst!
Deine Fluten erquicken das Land.
Welche Freude, wenn du kommst, o Nil!
Welche Freude, wenn du kommst!
Du, der du Mensch und Tier ernährst:
Welche Freude, wenn du kommst!
(Vielleicht nicht gerade hitverdächtig, aber immerhin hat das Lied 3000 Jahre überdauert.)

11 Wo das Überschwemmungsgebiet endete, begann die Wüste. Der Unterschied war so deutlich, dass man mit einem Fuß auf dem Acker, mit dem anderen im Wüstensand stehen konnte. Die Wüste hieß Dashre, Rotes Land.

12 Wegen der Überschwemmugen des Nil unterteilten die Ägypter ihr Jahr in drei Jahreszeiten: Flutzeit, Pflanzzeit und Erntezeit.

13 Jedes Jahr mussten die Fellachen Bewässerungskanäle bauen oder reparieren. Das war ein Teil des Tributs, den sie an den Pharao zu zahlen hatten. Wer sich nicht an diesen Projekten beteiligte, wurde ausgepeitscht. Eine Flucht hätte nichts genützt, denn dann wären die Familienmitglieder ausgepeitscht worden.

14 Ehe der Nilpegel wieder sank, wurde das Wasser in Reservoirs aufgefangen. Dann konnten die Felder auch bei Dürre bewässert werden. Mit einem „Schaduf" schöpften die Fellachen das Wasser auf ihre Felder. Ein Schaduf ist ein Gestell mit einem Querbalken, der an einem Ende beschwert ist. Am anderen Ende hängt ein Schöpfgefäß, das ins Wasser getaucht werden kann. Dank dieser Erfindung konnte man Tausende von Litern Wasser pro Tag schöpfen.

   Noch heute wird mit den praktischen Schadufs gearbeitet. Hast du Lust einen zu bauen?

Ein Schaduf leicht gemacht

Die Ägypter bauten diese Art Ziehbrunnen aus drei Baumstämmen; für deine kleinere Ausführung reichen drei Stöckchen.

1 Du brauchst drei gerade, etwa 20 cm lange Stöckchen. Binde sie drei Zentimeter unterhalb der Spitze zusammen und lass ein Stück Schnur hängen.

2 Stell die Stöckchen aufrecht und ziehe sie unten auseinander (Bild 1). Drücke die Enden in ein Stück Modelliermasse, damit sie Halt haben.

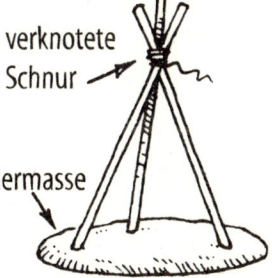

verknotete Schnur

Modelliermasse

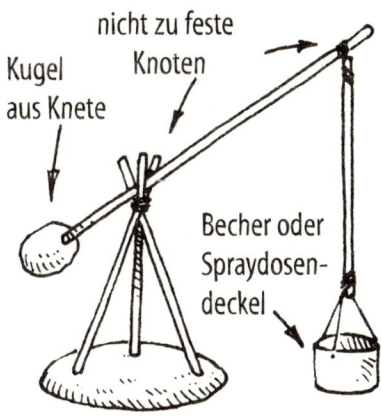

nicht zu feste Knoten

Kugel aus Knete

Becher oder Spraydosendeckel

3 Nun brauchst du ein weiteres gerades Stöckchen (35 cm) als Hebel. Binde es mit dem Schnurende oben in dem Gestell fest. Auf einer Seite sollte der Hebel etwa 12 cm überstehen (Bild 2).

4 Beschwere das kurze Ende des Hebels mit Knete. Binde ein weiteres, 15 cm langes Stöckchen am langen Ende fest.

5 Nun brauchst du nur noch ein Schöpfgefäß, wofür sich ein etwas größerer Plastikdeckel eignet. Bohre drei Löcher in den Rand und binde das Gefäß oben am Hebel fest.

Glückwunsch! Du hast gerade eine einfache und doch äußerst geniale Erfindung nachgebaut!

Göttergalerie

Was für ein Leben, wenn man sich die Hälfte der Zeit nur mit dem Tod beschäftigt! Der Tod war das Hauptproblem der Ägypter. Sie wollten unbedingt ins Totenreich gelangen, von dem die Priester ihnen erzählten. Dort war es zwar nicht so angenehm wie im „Land der Götter", zu dem nur die Pharaonen Zugang hatten, aber immer noch besser als auf Erden. Die Ägypter wussten sogar, wo sich dieses Totenreich befand: westlich des Horizonts.

Aber beim linken Knie des Anubis!! Man musste eine ganze Reihe von Götter zufrieden stellen, ehe man dort Einlass fand! Und wenn man nur einen der Götter beleidigte, handelte man sich ganze Schadufs voll Ärger ein. (Äh, entschuldige, Anubis, ich finde dein linkes Knie wirklich sehr hübsch!)

Klar, dass die Götter unermesslich alt waren. Sie hatten lange vor den ersten Menschen existiert und behandelten sie als eine Art Diener oder Spielzeug. Die Götter kontrollierten alles Geschehen und erwarteten Respekt.

Versuch mal diesen Haufen bei Laune zu halten:

Sobek: der mit dem Krokodilskopf. Herrschte über das Wasser.

Thot: der mit dem Ibiskopf. Gott des Wissens, erfand Sprechen und Schreiben.

Seth: Gott des Chaos und der Stürme. Feind von Osiris.

Re: der Sonnengott, Schöpfer der Welt. Die Ägypter bezeichneten sich als die „Viehherde des Re".

Horus: der mit dem Falkenkopf. Beschützer der Pharaonen.

Sachmet: die löwenköpfige Kriegsgöttin.

Hathor: die Göttin mit den Kuhhörnern. Zuständig für Liebe, Glück, Tanz und Musik.

Ptah: ein weiterer Schöpfergott, der die Namen aller Dinge auf Erden aussprach und sie damit erschuf. (Hübscher Trick, wie? Würde ich auch gern beherrschen: ein Eis, eine Tüte Chips, 'ne Fahrt ins Disneyland…)

Isis: Gemahlin des Osiris, Schutzgöttin der Frauen und Kinder.

Bes: der zwergwüchsige Gott des Glücks, Beschützer der Familie.

Anubis: der schakalköpfige Totengott, zuständig fürs Mumifizieren.

Osiris: Herrscher über Tod und Wiedergeburt, das Totenreich und die Erde. Brachte den Menschen den Ackerbau bei.

Das große Götter-Quiz

Zu welchem Gott würdest du wann beten?

O großer ....! Mein Land ist zu trocken und meine Ernte geht ein.

Mächtiger ....! Mein jüngster Sohn starb vor drei Monaten an Fieber. Seither ist meine Frau am Boden zerstört. Hilf ihr, sich wieder des Lebens zu erfreuen.

O weiser ....! Mein Sohn will Schreiber werden, kann sich aber die Hieroglyphen so schlecht merken, dass seine Lehrer ihn von der Schule werfen wollen. Auch Schläge haben nichts genützt!

Gib mir Kraft, o rachsüchtige ....! Plünderer aus dem Roten Land haben unser Dorf überfallen. Hilf uns im Kampf gegen die Eindringlinge.

O mächtiger ....! Mein Ehemann ist gestorben und ich habe fast all unsere Ersparnisse für seine Mumifizierung aufgebraucht, damit er sich deines Wohlgefallens sicher ist. Hilf ihm, in das Totenreich zu gelangen.

Erhöre mich, o schöne ....! Ich habe mich in ein Mädchen verliebt, aber beim Tanzen hat sie mich ausgelacht. Da ich so ungeschickt bin, stolpere ich ständig.

Die spinnen, die Götter!

Eine Geschichte, die alle Ägypter glaubten, ist folgende:

Osiris war ein mächtiger König, darin waren sich alle einig, zumindest fast alle. Er wurde geliebt von seiner Gemahlin Isis und all seinen Untertanen ... nun ja, fast allen. Nur sein Bruder Seth hasste ihn. Er war neidisch. Deshalb schmiedete Seth finstere Pläne, um seinen Bruder ungestraft aus dem Weg zu schaffen.

Was, wenn seine Leiche niemals gefunden würde? Jawohl, das war's. Er musste die Leiche verschwinden lassen!

Seth machte sich ans Werk. Zuerst brachte er Osiris um, dann zerstückelte er den Körper in 14 Teile, die er am Ufer des Nils verstreute, in der Hoffnung, die Krokodile würden sie auffressen.

Doch sein Plan schlug fehl. Isis sammelte alle 14 Teile wieder ein und wickelte sie in der richtigen Position in Leintücher. So wurde Osiris zur ersten Mumie der Welt.

Aber Isis war noch nicht fertig. Sie rief den Gott Anubis zu Hilfe, der Osiris neues Leben einhauchte. Doch da Osiris nicht als Mensch weiterleben konnte, ging er ins Totenreich und herrscht dort als Gott der Toten.

So wurde Anubis zum Schutzgott für Mumifizierungen, Isis zur Schutzgöttin der Toten. Und Seth? Seth bekam es mit Horus zu tun, dem Sohn von Osiris und Isis. In einer erbitterten Schlacht gelang es Seth, Horus ein Auge auszureißen, aber am Ende siegte Horus doch. Seth wurde dazu verdammt, den Rest seines Lebens im schrecklichsten Teil der Unterwelt zu verbringen.

Horus wurde zum Beschützer der Lebenden; sein ausgerissenes Auge macht die Toten sehend.

Schutzamulett für dich und deine Freunde
Die Ägypter waren sehr abergläubisch und schmückten sich gern mit schützenden Amuletten. Hier ein Talisman, den du aus Karton ausschneiden und dir um den Hals hängen kannst.
Die drei Symbole sind Hieroglyphen für die drei Wörter

⌓ Alles   ☥ Leben   𓀾 Schutz

Ein Ägypter hat's nicht leicht

O großer Pharao, das ist nicht fair!

Du lebst wie ein Gott in der Welt, schwimmst wie Dagobert Duck in Gold und Geld, o großer Pharao.

Du wohnst in einem tollen Palast, andre schuften, damit du ein lockres Leben hast, o großer Pharao.

Dein Grab sind die Pyramiden, die gen Himmel ragen, ins Totenreich fährst du mit 'nem goldenen Wagen, o großer Pharao.

Doch wer baut die Pyramiden?
Wer muss mauern?
Wer kratzt ab im Wüstensand?
Wir, die armen Bauern!

Das schrecklichste Los im Alten Reich hatten die Fellachen (Bauern). Sie befanden sich am Fuß einer Pyramide, die folgendermaßen aussah:

1 *Der Pharao* – König, Gott und Oberster Priester, Heerführer.

2 *Der Wesir* – zweitmächtigster Mann im Staat. Er musste dafür sorgen, dass alles glatt lief: Das ging vom Eintreiben der Steuern bis zur Organisation des Baus neuer Bewässerungssysteme. Er war zugleich oberster Richter.

3 *Die Imakhu (die Ehrenvollen)* – Freunde und Verwandte des Pharao. Sie bekamen tolle Jobs wie: Botschafter, Gouverneur, Hüter der Kronjuwelen, Hüter der Öle und Parfüme, Hüter der königlichen Kleidungsstücke oder Hüter der Geheimnisse der königlichen Worte (legte fest, wer den Pharao sprechen durfte).

4 *Die Nomarchen* – Vorsteher kleinerer Bezirke, die für alle Belange zuständig waren. Sie sorgten für die öffentliche Ordnung und stellten im Falle eines Angriffs Soldaten bereit.

5 *Die Schreiber* – gebildete Beamten, die die königlichen Bücher führten.

6 *Die Priester* – Tausende, die den vielen Tempeln vorstanden.

7 *Die Hemutiu oder Handwerker* – gut ausgebildete Arbeiter im Dienste der Reichen: Weber, Architekten, Maler, Bildhauer, Händler, Juweliere, Einbalsamierer, Metallarbeiter …

8 *Die Fellachen* – die übrigen 90 % der Bevölkerung.

Zehn harte Lektionen: Das Leben als Fellache

1 Es gibt nur wenige Sklaven in Ägypten – aber die Fellachen sind auch nicht viel besser dran.

2 Fellachen sind Leibeigene – wenn ein Pharao Land verschenkt, werden die Fellachen mitverschenkt.

3 Genau wie das Vieh werden auch die Fellachen gezählt, wenn ein Landbesitzer seinen Besitz präsentiert.

4 Frauen werden nicht mitgezählt, da sie nicht so viel wert sind wie Kühe!

5 Fellachen werden jeweils in Fünfergruppen zum Arbeiten eingeteilt.

6 Familien dürfen in unterschiedliche Arbeitsgruppen aufgeteilt werden.

7 Solange ihre Felder überschwemmt sind, werden die Fellachen zum Pyramidenbau abgeordnet.

8 Wenn ein Fellache nicht hart genug arbeitet, wird er ausgepeitscht oder verstümmelt – man hackt ihm einen Finger oder eine Zehe ab!

9 Wenn er ein Grab plündern will, um endlich reich zu werden, wird er im Allgemeinen einen Kopf kürzer gemacht.

10 Vor der Weizenernte kommt der Steuereintreiber vorbei um festzulegen, wie viel davon man an den Pharao abgeben muss. Die gute Nachricht: Was der Pharao nicht will, dürfen die Fellachen behalten!

103

Die Arbeit auf den Feldern

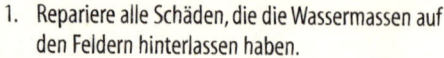

So, du armseliger Fellache, das Wasser ist zurückgegangen. Hier ein paar kleinere Aufgaben, damit dir nicht zu wohl wird ...

1. Repariere alle Schäden, die die Wassermassen auf den Feldern hinterlassen haben.
2. Hacke und pflüge die Erde, bevor die Sonne sie austrocknet.
3. Säe aus und lass die Samen von der Ziegenherde einstampfen.
4. Bewässere die Felder täglich, damit der Weizen gut wächst.
5. Reiße regelmäßig das Unkraut aus.
6. Verjage die gefräßigen Vögel.
7. Zupfe die Ähren ab.
8. Mahle das Getreide – schlage es mit Flegeln, bis sich die Körner von den Ähren lösen.
9. Siebe das Getreide und wirf es in die Luft, damit die Streu davongeweht wird.
10. Geh wieder aufs Feld und mähe die Getreidestängel, damit du Viehfutter hast oder Backsteine und Körbe daraus machen kannst.

Und was mach ich in meiner Freizeit?

Ich bin froh, dass du mich das fragst ... Kümmere dich um die Schweine, Schafe, Gänse und Enten, baue Trauben an, damit wir einen guten Wein bekommen, und Flachs, damit wir Leinen machen können, mahle das Korn und ...

Warum habe ich nur gefragt? Ich bin froh, wenn die Flut kommt und ich wieder an der Pyramide bauen darf!

Die Arbeiten an der Pyramide

Du hast einen riesigen Steinblock 60 Kilometer weit durch die Wüste geschleppt und natürlich auch dein Trinkwasser. Endlich erreichst du die Pyramide, hievst den Stein an seinen Platz und wankst davon, um dir deinen Lohn in Form von Brot, Leinen und Salben abzuholen. Da enthüllt dir der Vorarbeiter die schreckliche Nachricht: kein Lohn!

Du stapfst zu den Baracken – primitive Unterkünfte mit Lehmboden. Du bist müde, hungrig und wütend. Die Baracken sind überfüllt, es gibt weder Wasser noch einen Abort. Es stinkt nach dem Schweiß deiner Mitmenschen und der Tiere, die diese Unterkunft mit dir teilen.

Du wünschst, du wärst daheim bei deiner Frau und deinen Kindern. Aber du weißt, dass du verhungert sein wirst, ehe du bei ihnen ankommst.

Was wirst du tun? Du könntest …

1 dich murrend wieder an die Arbeit machen.

2 einen Bittbrief an den Pharao schreiben.

3 in Streik treten.

Das hält ja kein Fellache aus!

Antwort: Nummer 3. Der erste Streik der Weltgeschichte fand auf der Baustelle einer Pyramide statt. Die Arbeiter saßen an einem schattigen Plätzchen und weigerten sich weiterzuarbeiten, ehe sie nicht ihren Lohn erhielten. Und sie erhielten ihn!

Uralter Witz aus dem alten Ägypten

Kein Wunder, dass es im Alten Reich Probleme gab. Um 2300 v. Chr. begann das Alte Reich zu zerfallen. Nomaden untergruben die Macht der Pharaonen. Ein alter Text besagt:

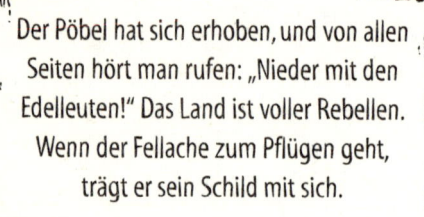

Erst um 2065 v. Chr. (unter den Pharaonen der 11. Dynastie) kam das Land unter Kontrolle. Den Fellachen wurden bessere Arbeitsbedingungen zugestanden.

Jede Familie erhielt genügend Land, um sich selbst versorgen zu können. Die Felder wurden an die nächste Generation vererbt und konnten nicht weggenommen werden. Endlich ging es den Bauern etwas besser!

Die Ägypterin im alten Ägypten

Die Göttliche
Die Ägypter wussten genau, wie die ideale Frau zu sein
hatte: nämlich wie die Göttin Isis, die …

Die Perfekte

Auch wenn ein Mädchen nicht ganz an Isis heranreichte, so galt sie doch als ganz passabel, wenn sie …

1 zu Hause blieb und ihren Eltern gehorchte, bis sie zwölf und somit alt genug zum Heiraten war;

2 sich eine passende Partie aussuchte; jemand, mit dem die Eltern einverstanden waren;

3 ihrem Ehemann gehorchte;

4 ihren Ehemann mit etlichen anderen Frauen teilte;

5 ihrem Ehemann viele Kinder schenkte – sechs oder sieben waren das Mindeste.

Die Stinknormale

Nicht viele Ägypterinnen waren so perfekt. Manchmal kam es vor, dass …

1 eine Tochter wohlhabender Eltern zu Hause auszog und zur Schule ging, um Lesen und Schreiben zu lernen;

2 ein Mädchen aus Liebe heiratete und sich den Ehemann nicht von den Eltern aussuchen ließ. Ansonsten war es üblich, einen Verwandten zu heiraten, zum Beispiel einen Onkel oder Cousin.

3 Der Grieche Herodot schrieb nach seiner Ägyptenreise, dass die Ägypterinnen längst nicht so gehorsam waren, wie sie seiner Meinung nach hätten sein sollen. Sie waren ihm viel zu selbstständig!

4 Ein Ägypter konnte so viele Frauen heiraten, wie er wollte, aber er musste in der Lage sein, alle zu versorgen. Die Hauptfrau war ihrem Gemahl gleichgestellt und ihr ältester Sohn erbte den Besitz, wenn der Hausherr starb; sie selbst bekam die Haushaltsgegenstände.

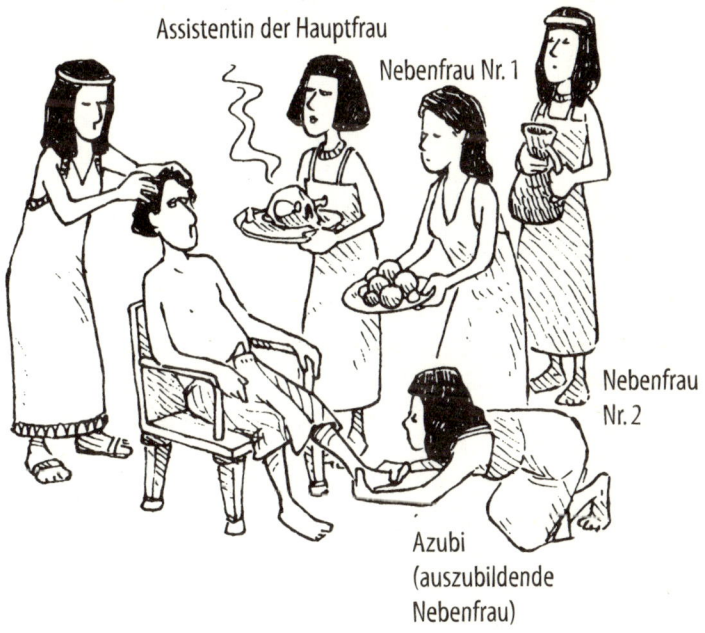

Assistentin der Hauptfrau

Nebenfrau Nr. 1

Nebenfrau Nr. 2

Azubi (auszubildende Nebenfrau)

5 Viele Mädchen wurden bereits mit zwölf oder dreizehn Jahren Mutter. Sie gebaren im Knien auf einem speziellen Gebärstuhl. Wegen des hohen Infektionsrisikos war der Tod des Kindes oder der Mutter nichts Ungewöhnliches. Die werdende Mutter konnte nur hoffen, dass Twaret, die Göttin der Geburt, böse Geister fern hielt. Für Twaret eigentlich kein größeres Problem: Sie war nämlich ein wildes, trächtiges Nilpferd!

Die Schönheitskönigin

Die ägyptischen Frauen waren stolz auf ihr Aussehen und gingen gern mit der Mode. In einem altägyptischen Beauty-Ratgeber hättest du folgende Tipps gefunden:

1 Bade häufig und gib Natron ins Badewasser (ja, dasselbe Salz, das auch für Mumien verwendet wurde!).

2 Lass dich massieren. Das kann dein Hausdiener tun, sofern du das Glück hast, einen solchen zu haben.

3 Umrande deine Augen mandelförmig mit einer grauschwarzen Wimperntusche aus Bleierz. Zupf dir die Augenbrauen aus. Am besten mit einer Pinzette aus Silber, falls du dir eine leisten kannst.

4 Trage Make-up. Helle den Teint auf und verwende Lippenstift aus roten Eisenoxyden.

5 Male die Nägel mit Henna rot. Cool ist es auch, sich damit die Handflächen und Fußsohlen rot zu färben!

Leben wie ein Ägypter

Die Ägypter bauten Häuser aus Lehmziegeln. Das war eigentlich ganz praktisch. Lehm gab es überall umsonst und die in der Sonne getrockneten Lehmziegel wurden steinhart.

Solche Häuser hielten mindestens hundert Jahre – und manche Ägypter bauen noch heute so. Je bedeutender jemand war, desto größer musste sein Haus sein. Möbel hatte der Durchschnittsägypter nur wenige, aber er verbrachte ohnehin die meiste Zeit im Freien. Hättest du gerne wie ein Ägypter gelebt?

Ist es nicht viel praktischer, nackt zur bauen? Es spart jedenfalls Waschmittel ...

1 Die alten Ägypter brauchten nicht viele Kleidungsstücke. Kinder und arme Leute trugen meist überhaupt nichts. Zum Glück ist das Klima in Ägypten sehr mild ... Und splitternackt herumzulaufen galt damals keineswegs als anstößig.

2 Die Ägypter aßen viel Brot. Es war allerdings so hart, dass es ihre Zähne abschliff. Schon um 2000 v. Chr. gab es Bäckereien.

Falls es dich interessiert, wie dieses Brot schmeckt (Keine Sorge, die Zähne wirst du dir nicht ausbrechen), teste dieses alte Rezept:

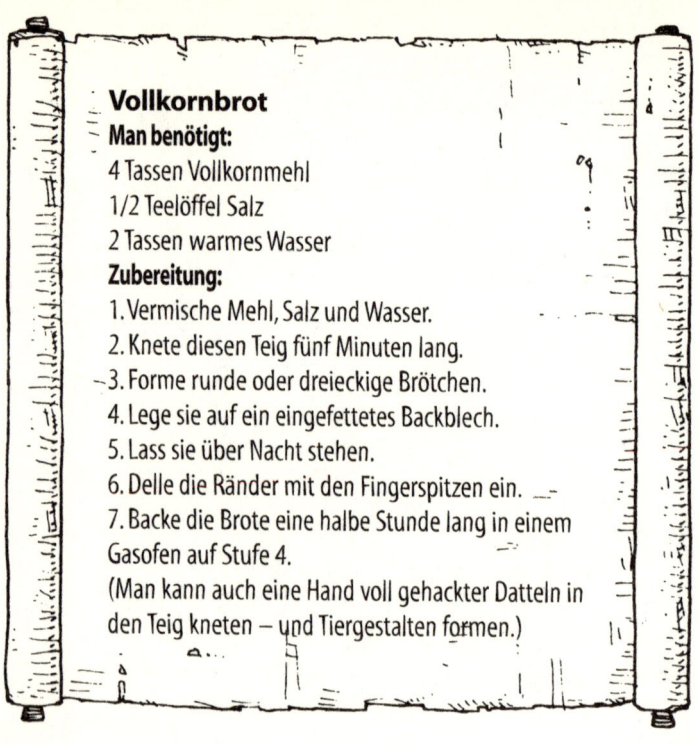

Vollkornbrot

Man benötigt:

4 Tassen Vollkornmehl
1/2 Teelöffel Salz
2 Tassen warmes Wasser

Zubereitung:

1. Vermische Mehl, Salz und Wasser.
2. Knete diesen Teig fünf Minuten lang.
3. Forme runde oder dreieckige Brötchen.
4. Lege sie auf ein eingefettetes Backblech.
5. Lass sie über Nacht stehen.
6. Delle die Ränder mit den Fingerspitzen ein.
7. Backe die Brote eine halbe Stunde lang in einem Gasofen auf Stufe 4.
(Man kann auch eine Hand voll gehackter Datteln in den Teig kneten – und Tiergestalten formen.)

Dein Urteil (bitte ankreuzen):
○ Super   ○ Genießbar   ○ Widerlich

3 Die Ägypter aßen gern Gurken, Sellerie, Kopfsalat, Zwiebeln, Knoblauch, Lauch und Kresse – doch die meisten mussten sich mit Brot und Zwiebeln begnügen. An Obst gab es Melonen, Feigen, Granatäpfel und Datteln. Später bauten die Ägypter auch Kirschen, Äpfel und Birnen an. Sie aßen das Fleisch von Schafen, Ziegen, Rindern und Gänsen; Schweine galten als unrein.
4 Die Ägypter brauten ein Gerstenbier. Man ließ Gerste, Wasser und Brot gären und filterte das Ganze vor dem Trinken, denn es sah eher wie eine Brotsuppe aus.

5 Schon um 1600 v. Chr. gab es in Ägypten die ersten Süßigkeiten der Welt. Man fand in Stein gehauene Rezepte. Wie wäre es hiermit?

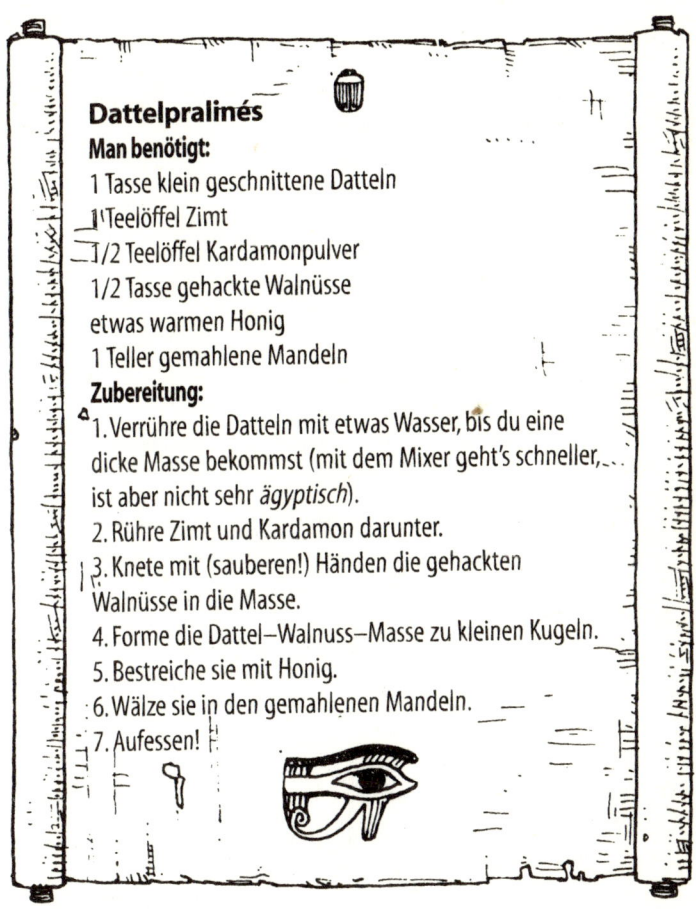

Dattelpralinés
Man benötigt:
1 Tasse klein geschnittene Datteln
1 Teelöffel Zimt
1/2 Teelöffel Kardamonpulver
1/2 Tasse gehackte Walnüsse
etwas warmen Honig
1 Teller gemahlene Mandeln
Zubereitung:
1. Verrühre die Datteln mit etwas Wasser, bis du eine dicke Masse bekommst (mit dem Mixer geht's schneller, ist aber nicht sehr *ägyptisch*).
2. Rühre Zimt und Kardamon darunter.
3. Knete mit (sauberen!) Händen die gehackten Walnüsse in die Masse.
4. Forme die Dattel–Walnuss–Masse zu kleinen Kugeln.
5. Bestreiche sie mit Honig.
6. Wälze sie in den gemahlenen Mandeln.
7. Aufessen!

6 Die Ägypter richteten Paviane aus Äthiopien dazu ab, die Datteln von den Palmen zu holen. (Falls ihr zufällig eine Dattelpalme im Garten habt, kannst du ja versuchen ein Eichhörnchen zu dressieren!)

7 Die Ägypter waren sehr abergläubisch. Hier der nützlichste Tipp, den du je in einem Buch finden wirst. Vielleicht rettet er dir eines Tages das Leben! Wenn du das Pech hast, in einen Fluss voller Krokodile zu fallen, musst du sagen:

Sage es möglichst rasch und auf Ägyptisch. Es funktioniert garantiert – falls nicht, bekommst du dein Geld zurück.

8 Viele Ägypter trugen ihr Haar sehr kurz. Reiche Ägypter trugen bei wichtigen Anlässen eine Perücke und da drauf einen Behälter aus parfümiertem Wachs. Wenn dieses schmolz, begann es zu duften … und das Wachs tropfte über die schöne Perücke!

9 Die ägyptische Medizin war eine Mischung aus gesundem Menschenverstand und Aberglauben. Als der Regierungsbeamte Khety bei einem Überfall eine schwere Kopfwunde erlitt, betäubte ihn sein Arzt mit Drogen und entfernte einen Teil des verletzten Schädels. Die Wunde wurde vernäht und Khety überlebte!

10 Gegen Erblindung zerstampften sie das Auge eines Schweins, vermischten es mit Honig und rotem Ocker und stopften es in das Ohr des Patienten!

Wenn du das nächste Mal Medizin schluckst, sage den ägyptischen Zauberspruch auf: „Komm, du, der du die bösen Geister vertreibst. Wer dieses trinkt, wird geheilt werden, wie die Götter des Himmels geheilt wurden."

Was ist das?

Betrachte diese eindrucksvollen ägyptischen Gegenstände und versuche zu erraten, wozu sie benutzt wurden.

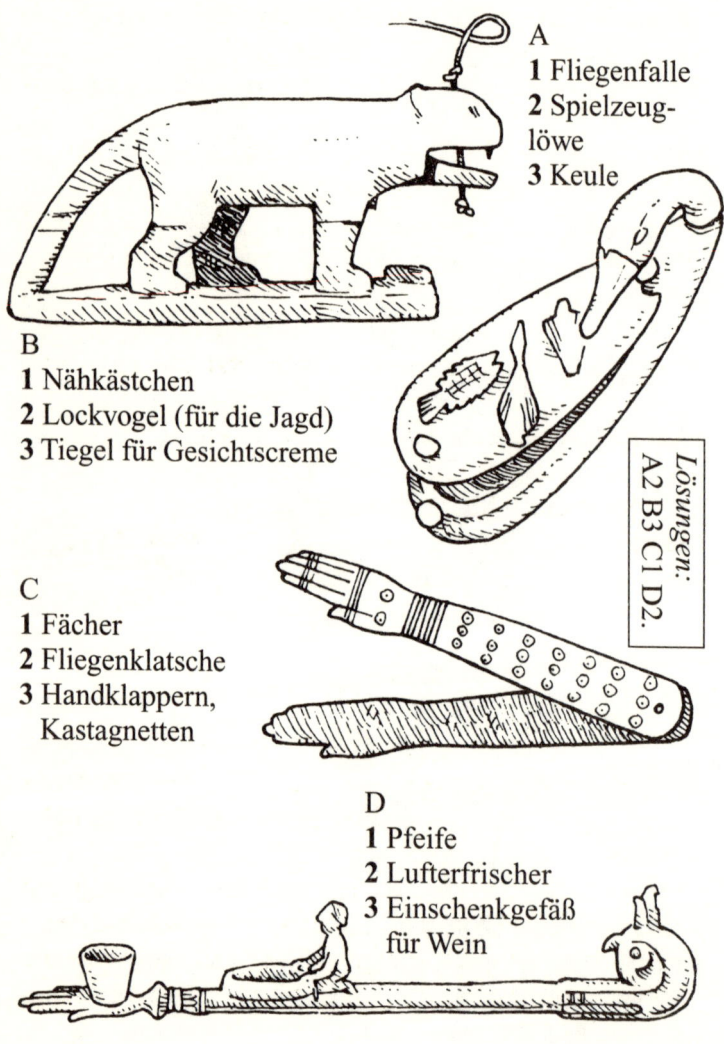

A
1 Fliegenfalle
2 Spielzeug-
   löwe
3 Keule

B
1 Nähkästchen
2 Lockvogel (für die Jagd)
3 Tiegel für Gesichtscreme

C
1 Fächer
2 Fliegenklatsche
3 Handklappern,
   Kastagnetten

D
1 Pfeife
2 Lufterfrischer
3 Einschenkgefäß
   für Wein

Lösungen:
A2 B3 C1 D2.

116

Ägyptische Freizeitbeschäftigungen

Geschichten erzählen

Die alten Ägypter liebten Geschichten. Diese hier hat eine gewisse Ähnlichkeit mit unseren heutigen Märchen:

Nach Prinz Ramses' Geburt trat die Schicksalsgöttin an seine Wiege und sprach: „Dieses Kind wird von einem Krokodil, einer Schlange oder einem Hund getötet werden."

Der königliche Vater ließ seinen Sohn stets behüten, doch als dieser erwachsen war, zog er hinaus in die Ferne. Er hörte von einer wunderschönen Prinzessin in Syrien. Wer um sie freien wollte, musste einen hohen Turm besteigen. Natürlich schaffte es Prinz Ramses.

Alles war gut – bis er von einer Schlange angegriffen wurde! Die Prinzessin rettete ihn in letzter Minute. Und wieder war alles gut, bis er von seinem eigenen Hund angegriffen wurde. Er entkam durch einen Sprung ins Meer!

Er schien gerettet, als plötzlich ein Krokodil auf ihn zuschwammm. Es war ein sehr hungriges Krokodil! Der Prinz hatte nur eine Chance: Er musste dem Krokodil versprechen, dessen schlimmsten Feind zu töten …

Tja, an dieser Stelle ist der Papyrus leider beschädigt und wir werden das Ende der Geschichte nie erfahren. Pech! Aber vielleicht fällt dir ein gutes Ende ein! Ein Tipp: Die Ägypter liebten traurige Geschichten mit Happyend!

Kinderspiele

Bälle waren aus Leder und mit Körnern gefüllt. Die Kinder jonglierten damit oder machten Fangspiele. Manchmal nahmen sie einander dabei Huckepack.

Kreisel aus poliertem Stein waren ebenfalls beliebt. Meist ging es darum, wer die meisten Kreisel gleichzeitig drehen konnte.

Wettrennen waren auch sehr beliebt. Die Kinder steckten eine bestimmte Strecke ab und mussten beim Laufen ihre Hände an die Knie legen.

In Gräbern fand man wunderschöne Spielsachen, zum Beispiel Holztiere, die das Maul aufklappen, wenn man an einer Schnur zieht.

Sitzende Ziege

Wie wär's mit diesem einfachen ägyptischen Spiel für mindestens vier Spieler?

1 Zwei Spieler bilden die „Ziege". Sie setzen sich auf den Boden, strecken die Beine aus und legen die Fußsohlen aneinander.

2 Die anderen müssen über die „Ziege" hinwegspringen.

3 Die „Ziege" versucht sie mit den Händen zu packen.

4 Wenn ein Springer gefasst wird, muss er den Spieler ablösen, der ihn gepackt hat.

Wow! Das war echt hoch!

118

Wasserspiele

Na, habt ihr alle das Schwimmabzeichen? Bildet zwei Gruppen zu je drei bis vier Spielern. Jede Gruppe braucht ein Boot. Ziel ist es, aufrecht im Boot zu stehen und die Gegenspieler einzeln ins Wasser zu stoßen, ohne selbst das Gleichgewicht zu verlieren.

Jagdspiele

Ein Nilpferd mit Harpune, Speer, Seil oder Netz zu fangen ist nicht ganz ungefährlich – das Nilpferd könnte sich wehren!

Lass lieber die Finger von diesem Sport! (Du könntest zwar im Zoo ein Nilpferd auftreiben, aber wahrscheinlich werfen sie dich hinaus, wenn du es jagen willst – und außerdem passt es nicht in euren Mikrowellenherd!)

Schwierig ist auch die Vogeljagd: Die Ägypter richteten Vögel ab, um andere, wilde Vögel anzulocken. Diese wurden dann mit einem Wurfholz erlegt – einer Art Bumerang, der nicht zurückkommt.

Schneidet ein paar Vogelformen aus Karton aus und werft mit „Wurfstöcken" danach. Wer erzielt bei zehn Würfen die meisten Treffer?

Brettspiel

Das beliebte spanische Spiel „Alquerque" soll aus dem alten Ägypten stammen. Es waren die aus dem Nordwesten Afrikas stammenden Mauren, die es bei der Eroberung Spaniens mitgebracht haben. Jeder der beiden Spieler erhält zwölf Spielsteine. Du kannst das Spielbrett (siehe Abbildung) leicht auf Karton übertragen und ausschneiden. Stellt die Spielsteine wie auf der Abbildung gezeigt auf.

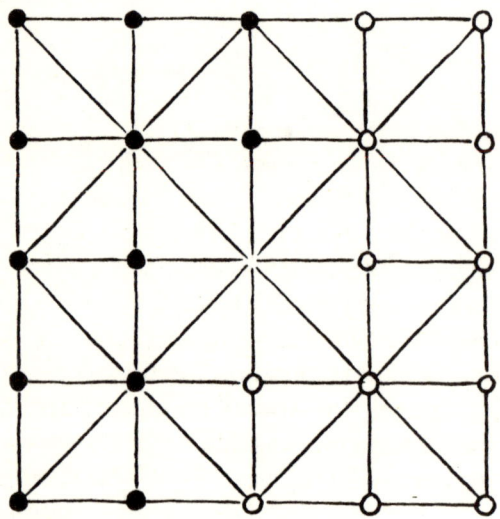

Spielregeln:

1 Zu Beginn ist nur das Feld in der Mitte unbesetzt.

2 Mit einem Würfel wird entschieden, wer beginnt. Der erste Zug muss auf das mittlere Feld führen.

3 Entlang der aufgezeichneten Linien darf nun jeder Spieler jeweils einen Stein versetzen.

4 Wenn du einen gegnerischen Stein überspringen kannst, gehört er dir und du darfst ihn vom Brett nehmen. Außerdem darfst du gleich weiterspringen.

5 Wer dem Gegner alle Steine weggenommen hat, ist Sieger.

Altägyptische Astronomie

Der ägyptische Kalender war ziemlich brillant. Manche Historiker halten ihn für die größte Erfindung jener Zeit. Durch Beobachtung der Sonne kamen die Ägypter auf ein Jahr mit 365 Tagen, fast genau wie wir.

Das Jahr war unterteilt in drei Jahreszeiten (siehe S. 92), die jeweils 120 Tage dauerten, sowie fünf „Extra"-Tage. Es gab 12 Monate mit jeweils 30 Tagen. Jeder Monat hatte drei Wochen. Jede Woche hatte zehn Tage.

Alte Aufzeichnungen

Irgendwann um 3000 v. Chr., am ersten Tag der Überschwemmung, beobachtete ein Astronom kurz vor Sonnenaufgang den Himmel. Er arbeitete an der Akademie von Memphis, der neuen Hauptstadt nach der Vereinigung von Unter- und Oberägypten.

Als im Osten die Sonne aufging, bemerkte er, dass der Stern Sirius (auch „Hundsstern" genannt) gleichzeitig aufging. Nachdem die Aufzeichnungen über mehrere Generationen hinweg weitergeführt worden waren, wussten die Ägypter definitiv, dass diese drei Ereignisse – Beginn der Überflutung, Sonnenaufgang und Aufgehen des Sirius – Moment mal ... einmal alle 1.460 Jahre zusammentrafen. Echt beeindruckend!

Wenn wir das Arbeitsleben eines Astronomen mit etwa 25 Jahren ansetzen, wie viele Generationen mussten dann den Himmel beobachten – Nicht so faul! Denk mit! – 1.460 geteilt durch 25 ... murmel ... murmel ... Na schön, du darfst die Seite umdrehen und nachschauen.

Lösung: 58 Generationen und ein Forscher, der erst 10 Jahre im Dienst war.

Schreiben wie die Ägypter – Lektion 1

Die ägyptischen Schriftzeichen hießen Hieroglyphen, aber nicht bei den Ägyptern! Das Wort kommt aus dem Griechischen – von heiros (heilig) und glyphe (einschnitzen). Die Ägypter bezeichneten ihre Schrift als „Worte der Götter".

Manche Hieroglyphen standen für einen Buchstaben – genau wie in unserem Alphabet, andere für ein ganzes Wort.

Die altägyptische Tinte ähnelte unseren Plakafarben. Die häufigsten Farben waren Rot und Schwarz. Es handelte sich um mit Gummilösung gebundene Holzkohle oder rote Tonerde. (Eine flüssige Tinte wäre im heißen Klima schnell vertrocknet.)

Man schrieb mit einem Schilfrohr, das an einem Ende ein wenig breit gekaut und mit einem Messer spitz zugeschnitten wurde. Dieser Pinsel wurde in Wasser getunkt und dann auf dem Farbblock gerieben.

Die Ägypter schrieben auf Papyrus, dem Mark der Sumpfpflanze Cyperus papyrus. Man schnitt die weichen Fasern in Streifen, legte sie quer übereinander und klopfte sie, bis sie zusammenhafteten. Anschließend wurden sie in der Sonne getrocknet. Der längste uns bekannte Papyrus ist eindrucksvolle 125 Meter lang.

Die ägyptische Schrift war durchaus absichtlich so kompliziert konstruiert. Die wenigen, die Lesen und Schreiben konnten, wurden auf diese Weise zu wichtigen Persönlichkeiten.

Die meisten ägyptischen Jungen, die zur Schule gingen, wurden Schreiber. Sie mussten lesen und schreiben können, ehe sie so wichtige Berufe wie Beamter, Arzt oder Priester erlernen konnten. Die weitaus meisten Kinder aber besuchten keine Schule und erlernten denselben Beruf wie ihre Eltern.

Die Schulen wurden oft von Priestern geleitet. Es war hart, Schreiber zu werden, denn es herrschte eiserne Disziplin. Lies nur diesen überlieferten Text mit der Überschrift „Ratschläge für angehende Schreiber"!

> O Schreiber, sei nicht müßig, sonst bist du verflucht. Hänge dein Herz nicht an Vergnügungen, sonst wirst du versagen. Verbring keinen einzigen Tag mit Müßiggang, sonst wirst du verprügelt, denn ein Junge hat sein Ohr auf dem Rücken und er hört nur, wenn er geschlagen wird ...

> Schluck!

Als im 6. Jahrhundert n. Chr. der letzte Tempel geschlossen wurde, ging die Kunst des Hieroglyphen-Lesens verloren. Deshalb dachten manche Leute, die alten Ägypter wären so clever gewesen eine Schrift zu erfinden, die außer ihnen kein normaler Sterblicher entziffern konnte.

Des Rätsels Lösung kam in Sicht, als ein Offizier von Napoleons Armee 1799 den Rosetta-Stein entdeckte, auf dem derselbe Text sowohl in Hieroglyphen als auch auf Griechisch steht. 1822 gelang es dem französischen Gelehrten Jean-François Champollion dank dieses Steins und seiner Griechischkenntnisse, den Code zu knacken und die Hieroglyphen zu übersetzen.

Schreiben wie die Ägypter – Lektion 2

Hier einige ägyptische Hieroglyphen zum Nachmalen.
Kannst du dir vorstellen, wie lange ein Schreiber wohl für
seine Aufzeichnungen brauchte?

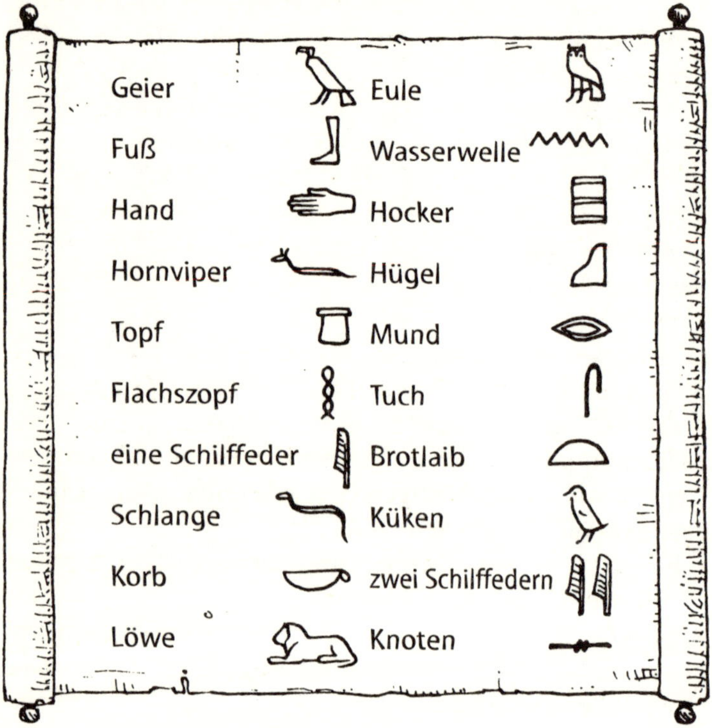

Geier		Eule	
Fuß		Wasserwelle	
Hand		Hocker	
Hornviper		Hügel	
Topf		Mund	
Flachszopf		Tuch	
eine Schilffeder		Brotlaib	
Schlange		Küken	
Korb		zwei Schilffedern	
Löwe		Knoten	

Versuch nun, dieses Wort zu entziffern. Und vergiss nicht,
dass manche Vokale ausgelassen werden.

Altägyptische Rechenkunst

Verblüffe deinen Lehrer mit deinen Kenntnissen über die ägyptische Rechenkunst. Sei ganz cool und lass diese Fakten möglichst beiläufig ins Gespräch einfließen …

1 Die Ägypter begriffen, wie vielseitig und nützlich Zahlen waren. Deshalb ermutigten sie ihre Priester sich in dieser Kunst zu üben.

2 Lehrer drängten ihr Wissen niemandem auf, denn Mathematik war ein streng gehütetes Geheimnis – so ähnlich wie einige Gebiete der heutigen Wissenschaft. Die Kenntnisse wurden meist nur mündlich weitergegeben und nicht aufgeschrieben, damit sie nicht von Feinden gestohlen werden konnten! (Puh, wer hätte sich dafür schon interessiert??)

3 Mithilfe der Mathematik lösten die Ägypter Probleme mit ihren diversen Bauprojekten. Vor Baubeginn zeichneten die Architekten detaillierte Pläne, sodass jede Grabstätte und jeder Tempel so korrekt durchkalkuliert waren wie unsere heutigen Gebäude (siehe „Wie man eine Pyramide baut", Seite 46).

4 Wie wir verwendeten sie ein Dezimalsystem, kannten aber keine Null.

5 Der berühmte Rhind-Papyrus im Britischen Museum in London zeigt, wie die Ägypter Rechtecke, Kreise und Dreiecke berechneten.

6 Die Ägypter kannten schon das Bruchrechnen, aber der Zähler, die obere Zahl des Bruchs, war immer 1. 3/8 wurden also als 1/8 1/8 1/8 geschrieben.

7 Schau dir die ägyptischen Zahlen auf der nächsten Seite an. Erkennst du das Prinzip? Kannst du die Zahlen hier unten auf Altägyptisch schreiben?

14	18	25	30
37	43	56	71
102	175	333	450

8 Teste deine Freunde mit einigen ägyptischen Rechenaufgaben, zum Beispiel:

$$\cup\cup = \cup \begin{smallmatrix} \text{II} \\ \text{III} \end{smallmatrix} + \begin{smallmatrix} \text{II} \\ \text{III} \end{smallmatrix}$$

Ägyptische Zahlen

1	2	3	4	5	6	7	8	9	10
I	II	III	IIII	III/II	III/III	IIII/III	IIII/IIII	III/III/III	∩

11	15	22	39	100	1000	10,000
I∩	IIII∩/II	IIII∩∩	III/III/III∩∩∩	ϑ	𐦀	ꝰ

Maßeinheiten

Rechne mal wie die Ägypter – du wirst staunen!

Wenn ein Ägypter jemanden um seine Hand bat, wollte er meist etwas nachmessen. Die Ägypter nahmen mit ihren Körperteilen Maß, meist mit Armen und Fingern.

Die Breite von vier Fingern hieß Handbreite. Die Länge eines Unterarms von der Fingerspitze bis zum Ellbogen hieß „Elle". Sieben Handbreiten sollten einer Elle entsprechen. Stimmt das bei dir? Zeichne die Länge deines Unterarms auf ein Blatt Papier. Wie oft passt deine Handbreite hinein? Hatten die Ägypter Recht – zumindest was deinen Körper betrifft?

Miss ein paar alltägliche Dinge nach – zum Beispiel den Schwanz eures Hundes, die Innenseite von Opas Bein oder Länge und Breite eurer Küche, wenn Mutter gerade beim Kochen ist. Falls du jemanden mit deinen Feldforschungen nervst, erkläre freundlich, dass es sich um eine erzieherisch wertvolle Maßnahme handelt.

Vergleiche deine Ergebnisse mit denen eines (geduldigen) Erwachsenen. Alles klar? Und nun stell dir vor, du brauchst Stoff vom Markt. Wen würdest du zum Einkaufen schicken? Die Person mit dem längsten Arm in der Familie, logisch! Ideal wäre ein großer Bruder von der Sorte „langer Lulatsch".

Nun, die Ägypter bemerkten bald, dass ihr Längenmaß gewisse Probleme aufwarf. Deshalb legten sie die königliche Elle fest, ein Standardmaß, das im ganzen Land gültig war. Eine Elle entsprach fortan 52,3 Zentimetern unseres Systems.

Für größere Längen gab es die „Schnur-Rute", 100 Ellen, und das „Flussmaß", 4000 Ellen.

1 Elle

4 Finger

4 Finger =
1 Hand-
brcitc

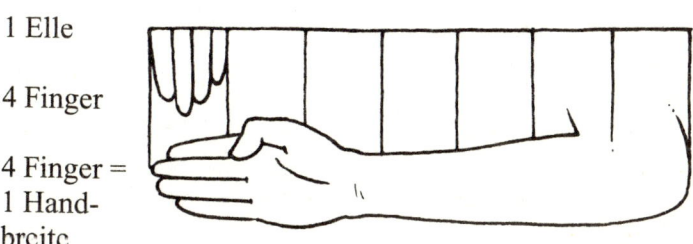

7 Handbreiten = 1 Elle

Zum guten Schluss

Das Leben im alten Ägypten konnte hart und grausam sein. Nur wenige Menschen führten ein friedliches Leben; Mumien nicht einmal nach dem Tod! Doch wie dem auch sei: die Ägypter waren echt faszinierend. Selbst nach über fünftausend Jahren gehören ihre Bauwerke noch immer zu den eindrucksvollsten der Welt.

Als Howard Carter Tutanchamus Grab fand, war die Weltöffentlichkeit restlos begeistert. Der „ägyptische Stil" war der letzte Schrei in den zwanziger und dreißiger Jahren. Alle Welt wollte die sagenhaften Schätze sehen.

Tutanchamun und die alten Ägypter erlangten lange nach ihrem Tod mehr Ruhm als zu ihren Lebzeiten. Sie hatten nämlich niemals über mehr als einen kleinen Winkel der Alten Welt geherrscht.

Die späteren Landesherren dagegen waren weitaus ehrgeiziger. Sie wollten die ganze damals bekannte Welt regieren – und die unbekannte möglichst auch noch!

Sie waren viel schlimmer als die Ägypter. Sie aßen geröstete Mäuse! Sie waren korrupt und verkommen! Die grässlichen Römer! Aber das ist eine andere Geschichte, ein weiteres Stück Wahnsinnsgeschichte …

ENDE